SECRET CITYs SPANIEN

SECRET CITYs SPANIEN

60 charmante Städte abseits des Trubels

Nicole Biarnés und Grit Schwarzenburg

BRUCKMANN

INHALT

Willkommen in Spanien 8
Vorwort 12

DER NORDEN 14

1 **Baiona** – Das Seefahrerdorf 16
2 **Pontevedra** – Perle des Caminho Português 18
3 **Santiago de Compostela** – Ziel des Jakobswegs 20
4 **A Coruña** – Die gläserne Stadt 24
5 **Viveiro** – Das Lourdes Galiciens 28
6 **Avilés** – Das Ufo von Asturien 32
7 **Gijón** – Kapitale der Costa Verde 34
8 **Oviedo** – Die Residenz 36
9 **Ribadesella** – Ferienort einer Königin 40
10 **Santillana del Meer** – Drei Mal geschummelt 42
11 **Santander** – Perle des Kantabrischen Meeres 44
12 **Bilbao** – Vom Schmuddelkind zum schönen Schwan 50
13 **Vitoria-Gasteiz** – Die bemalte Stadt 52
14 **San Sebastián** – Willkommen im Baskenland 54
15 **Pamplona** – Die Perle Navarras 56
16 **Olite** – Märchenpalast im Süden Navarras 60

DIE MITTE 62

17 **León** – Von bunten Glasfenstern und Gaudí 64
18 **Zamora** – Die Augen des Duero 66
19 **Salamanca** – Die goldene Stadt 68
20 **Ávila** – Von Heiligen und alten Steinen 72
21 **Segovia** – Eine reine Märchenkulisse 74
22 **Valladolid** – Das Erbe der Könige 76
23 **Burgos** – Der Kölner Dom stand Pate 78
24 **Haro** – Jede Menge guter Tropfen 82
25 **Logroño** – Das Herz von La Rioja 84
26 **Calatayud** – Im Königreich der Ziegel 86
27 **Zaragoza** – Tausendundeine Nacht in Aragón 88
28 **Teruel** – Maurisch-romantischer Mix 92
29 **Cuenca** – Ein Mekka der abstrakten Kunst 96
30 **Brihuega** – Eine spanische Provence 98
31 **Toledo** – Musterbeispiel der Toleranz 100

DER OSTEN 104

32 **Figueres** – Auf der Spur der Ameisen 106
33 **Banyoles** – Kleiner Ort am großen See 108
34 **Girona** – Im Hinterland der Costa Brava 112
35 **Olot** – In den grünen Hügeln der Garrotxa 116
36 **Palafrugell** – Drei Buchten und ein Leuchtturm 118
37 **Vic** – Die zweigeteilte Stadt 124
38 **Mataró** – Industrie und Kultur 126
39 **Valls** – Von waghalsigen Menschentürmen 128
40 **Tarragona** – Ein offenes Geschichtsbuch 130

41 **Reus** – Heimat des Jugendstils 132
42 **Peñiscola** – »Papa Luna« lässt grüßen 138
43 **Sagunt** – Die Legende des Heiligen Grals 140
44 **Alicante** – Stadt des Lichts 142
45 **Murcia** – Die unbekannte Schöne 146
46 **Cartagena** – Ein Theater taucht auf 148

DER SÜDWESTEN 150

47 **Mojácar** – Weißes Dorf am Cabo de Gata 152
48 **Almería** – Unerschütterlich optimistisch 156
49 **Jaén** – Welthauptstadt des Olivenöls 158
50 **Málaga** – Wie geschaffen für Genießer 160
51 **Ronda** – Königin im Süden 162
52 **Vejer de la Frontera** – Das Rätsel der Cobijada 166
53 **Arcos de la Frontera** – Route der »Pueblos blancos« 168
54 **Jerez de la Frontera** – Sherry, Pferde und Flamenco 170
55 **El Rocío** – Von Wallfahrern und wilden Pferden 174
56 **Ayamonte** – Tief im Westen Andalusiens 176
57 **Mérida** – Die Residenz des Kaisers 178
58 **Cáceres** – Die Monumentale 182
59 **Zafra** – Sevillas kleine Schwester 184
60 **Jerez de los Caballeros** – Stadt der fünf Türme 186

Register 188
Bildnachweis 189
Impressum 189

↑ Die ganze Vielfalt Spaniens (von links nach rechts): Die kleine Stadt Haro bildet das Herz der Weinanbauregion Rioja. Das MUSAC, das Museo de Arte Contemporáneo de Castilla y León, setzt einen modernen Kontrast zu den vielen Kirchen der Provinzhauptstadt León. In Brihuega dreht sich im Sommer alles um den Lavendel. Die Kirche St. Julian in Oviedo erstrahlt in schlichter Schönheit – dagegen wirkt das Bergdorf Júzcar im Südwesten, als sei der ganze Ort in einen Farbtopf mit Schlumpfblau gefallen.

ÜBERRASCHENDES WISSEN

Viele Menschen kommen wegen der Strände nach Spanien, doch dieses Land hat so viel mehr zu bieten. Historische Sehenswürdigkeiten, weltberühmte Kunstwerke und eine große kulinarische Vielfalt.

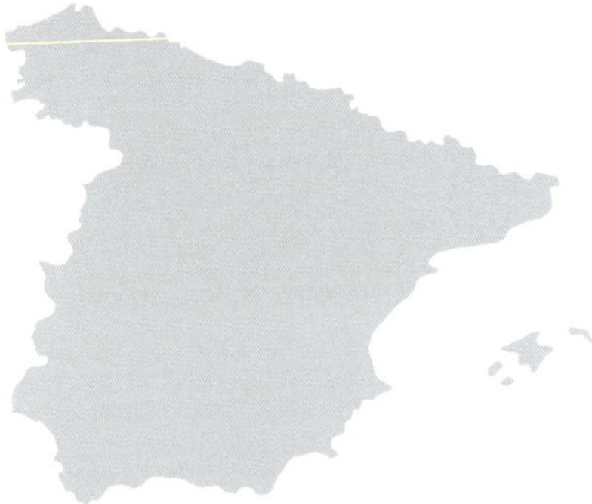

Spanien in Zahlen

Spanien erstreckt sich über eine Fläche von **505 970 Quadratkilometern**, die sich auf die Iberische Halbinsel, die Kanarischen Inseln, die Balearen sowie die Städte Ceuta und Melilla auf dem afrikanischen Kontinent und die Enklave Llivia in Frankreich verteilen. Damit ist Spanien das **viertgrößte Land der EU** (und empfängt mit über **83 Millionen Besucherinnen und Besuchern** die meisten Feriengäste der Welt). Die Landschaften erstrecken sich von den Pyrenäen bis zur Sierra Nevada. Strände und Buchten locken jedes Jahr unzählige Urlauber an. Spaniens Küsten werden sowohl von den tosenden Wellen des Atlantiks als auch vom ruhigeren Mittelmeer umspült.

8000 Kilometer Küste

begrenzen das Festland und die Inseln. Die Ufer bestehen aus breiten Sandstränden, kleinen Buchten, steilen Klippen, Sümpfen und Flussmündungen. Dabei stellt die Region Galicien mit 861 Stränden mehr Playas als die Kanarischen Inseln.

16 Nationalparks

verteilen sich auf auf das spanische Festland (10), die Kanarischen Inseln (4), die Balearen (1) und eine Inselgruppe vor Galicien (1). Der größte Nationalpark liegt in der Sierra Nevada, der meistbesuchte ist der Teide auf Teneriffa. Hinzu kommen regionale Naturparks und 49 Biosphärenreservate, schützenswerte Lebensräume, in denen Menschen leben und Naturräume bewahrt werden.

Auf 175 Menschen

kommen in Spanien eine Bar oder ein Restaurant. Damit ist Spanien das Land mit der höchsten Dichte an gastronomischen Betrieben Europas. Ein weiterer Beweis dafür, welchen hohen Stellenwert das gemeinsame Essen in der spanischen Kultur genießt.

5 Sprachen

sind in den verschiedenen Regionen Spaniens offiziell anerkannt: Spanisch, Katalanisch, Baskisch und Galicisch und Aranesisch, eine Varietät des Gaskognischen. Darüber hinaus werden auch noch einige nicht offizielle Sprachen wie Asturleonesisch oder La Fala gesprochen.

Über 280 Quadratkilometer

erstreckt sich die einzige Wüste Europas El Desierto Tabernas im Süden Spaniens, in der Nähe der Stadt Almería. In der bizarren Landschaft dieser Wüstensteppe wurden u. a. *Lawrence von Arabien*, *Indiana Jones*, *Der Schuh des Manitu* sowie zahlreiche Werbe- und Musikvideos gedreht.

Mit 967 Millionen Hektar

liegt die größte Weinanbaufläche der Welt in Spanien, kein Land verfügt über mehr Weinberge. Aufgrund des trockenen Klimas rangiert Spanien in der Produktivität zwar nur auf Platz drei, dafür befinden sich auf Teneriffa die höchsten Weinberge Europas. Unter 96 geschützten Herkunftsbezeichnungen bauen 150 000 Winzer über 430 Rebsorten an.

49 UNESCO-Welterbestätten

hütet Spanien aktuell. Zu den Weltkulturerbestätten zählen die Moschee-Kathedrale von Córdoba und Gaudís Werke in Barcelona. Zu den vier Naturerbestätten gehören der Nationalpark Garajonay auf Gomera und der Coto de Doñana. Als gemischte Erbestätten gelten der Monte Perdido und Ibiza.

Über 70 Prozent der Olivenölproduktion Europas

stammt aus Spanien. Mit einer jährlichen Produktion von **1 738 600 Tonnen** (43 Prozent der Weltproduktion) hat sich das Land zum Exportweltmeister des grünen Goldes entwickelt. Hauptabnehmer des Olivenöls ist Italien mit **305 401 Tonnen**, gefolgt von Portugal mit **150 116 Tonnen**. Aber auch qualitativ macht sich die jahrhundertelange Erfahrung Spaniens mit den Oliven bemerkbar: Laut der Non-Profit-Organisation WBOO kommen die **zehn besten Olivenöle** der Welt von hier.

0 50 km
N
Costa Verde
Cabo Ortegal
Viveiro
Cabo de Peñas
Avilés
Gijón
Santander
A Coruña
Oviedo
Ribadesella
Santillana del Mar
Cordillera Cantábrica
Riaño
Lugo
Cabo Fisterra
Santiago de Compostela
R. Miño
León
R. Esla
Pontevedra
Ponferrada
Burgos
Vigo
Ourense
Baiona
Palencia
R. Esla
Valladolid
Braga
Zamora
R. Duero
Porto
R. Douro
Salamanca
Segovia
Ávila
Cordillera Central
MADRID
Getafe
ATLANTISCHER OZEAN
Coimbra
Talavera de la Reina
R. Tiétar
Toledo
R. Tajo
PORTUGAL
R. Tajo
Cáceres
Peniche
R. Tejo
Santarém
R. Guadiana
R. Guadiana
Mérida
Ciudad Real
Lissabon
Badajoz
Puertollano
Evora
Zafra
R. Zújar
Jerez de los Caballeros
Sierra Morena
Sines
R. Guadiana
Córdoba
Jaén
R. Guadalquivir
R. Genil
Sevilla
Huelva
Ayamonte
El Rocío
Faro
Cabo de S. Vicente
Golf von Cádiz
Arcos de la Frontera
Málaga
Ronda
Jerez de la Frontera
Cádiz
San Fernando
Marbella
Costa d
Vejer de la Frontera
Cabo Trafalgar
Algeciras
La Línea de la Concepción
Punta de Europa
Estrecho de Gibraltar
Punta Almina
MAROKKO
1 2 3 4 5 6 7 8 9 10 11 17 18 19 20 21 22 31 50 51 52 53 54 55 56 57 58 59 60

FRANKREICH
Arcachon
Garonne
Marmande
Nizza
MONACO
Durance
Aix-en-Provence
Gd. Rhône
Marseille
Toulon
Îles d'Hyères
Toulouse
Canal du Midi
Béziers
San Sebastián/ Donostia
Biarritz
Bayonne
St-Jean-de-Luz
Pau
12
Bilbao
14
Golf von Lion
Pyrenäen
Perpignan
13 Vitoria-Gasteiz
Pamplona/ Iruñea
15
ANDORRA
32 Figueres
35 Olot
33 Banyoles
R. Ebro
Haro
Logroño
25
16 Olite
Costa Brava
R. Gállego
37 Vic
34 Girona
36 Palafrugell
38 Mataró
Terrassa
Zaragoza
27
Lleida
BARCELONA
R. Ebro
39 Valls
26
Calatayud
41 Reus
40 Tarragona
Costa Daurada
R. Jiloca
R. Ebro
R. Tajuña
30
Brihuega
Guadalajara
R. Tajo
42 Peníscola
28 Teruel
Menorca
Cap de Formentor
Mallorca
29 Cuenca
Castelló de la Plana
43 Sagunt
Palma de Mallorca
València
Torrent
Golf von València
Cap de ses Salines
R. Cabriel
R. Júcar
Ibiza
Albacete
Xàbia
Cap de la Nau
Formentera
Alcoy
Elda
44 Alicante
Elche
R. Segura
45 Murcia
R. Guadalquivir
MITTELMEER
Lorca
46 Cartagena
Emb. d. Negratín
47 Mojácar
Sierra Nevada
Almería
48
Cabo de Gata
Sol
ALGERIEN

VORWORT

SPANIENS VERBORGENE SCHÄTZE

Sonne, Strand und Städtetrips – das verbinden die meisten mit Urlaub in Spanien. Dabei gibt es im viertgrößten Land Europas so viel mehr zu entdecken – abseits der abgetretenen Pfade des Massentourismus. Einfach mal Barcelona und Madrid hinter sich lassen – und ab in kleine Küstenorte oder ins Landesinnere.

← Die Marqués de Larios in Picassos Geburtsstadt Málaga ist eine der teuersten Straßen Spaniens.
↙ Die historischen Fischerboote und typischen Häuser am Hafen der galicischen Stadt A Coruña
↘ Im asturischen Fischerdorf Ribadesella machte Königin Letizia Urlaub.

Viva España!« – Spanien ist und bleibt das liebste Reiseziel der Deutschen. Zwar begann der Massentourismus dort schon in den 1950er-Jahren, aber erst knapp 20 Jahre später mit erschwinglichen Flügen und Urlaub im Camper wurden die Reisen auch für die Menschen der Bundesrepublik attraktiv. Heute ist Spanien nicht nur das in Europa beliebteste Urlaubsziel, sondern weltweit – nach Frankreich. Die meisten Gäste kommen aus Deutschland, Frankreich und Großbritannien. Es zieht sie auf dem spanischen Festland vor allem in die großen Städte wie Madrid mit dem Königspalast, Barcelona mit Gaudís Sagrada Família und Sevilla mit dem Alcázar-Palast oder aber für den Strandurlaub an die Mittelmeerküste. Die unterteilt sich in verschiedene Küstenabschnitte, die sogenannten Costas – am beliebtesten sind die Costa Brava und die Costa Blanca mit dem ehemaligen Fischerdorf Benidorm. Das ist die Geburtsstätte des spanischen Massentourismus, nirgendwo sonst auf der Iberischen Halbinsel gibt es mehr Hochhäuser.

Die Juwelen des Königreichs

Was vielen Reisenden bisher verborgen blieb – ob aus Bequemlichkeit oder Unkenntnis – hat die UNESCO längt entdeckt und geschützt. Viele der Secret Citys sind oder beherbergen ein Weltkulturerbe. Spanien blickt auf eine lange Geschichte zurück: Angefangen bei den spektakulären Höhlenmalereien aus der Steinzeit im Norden des Landes, über die Hinterlassenschaften der Römer wie Gold- und Silberminen und das riesige Theater in Cartagena bis hin zu den Mauren. Al-Andalus, so hieß ihr Reich auf der Iberischen Halbinsel zwischen dem 8. und 15. Jahrhundert. Im nördlichen Teil konnten sie nie wirklich Fuß fassen. Mit dem katholischen Königspaar Isabella I. von Kastilien und Fernando II. von Aragon endete 1492 die Herrschaft der Mauren – die Reconquista, Rückeroberung der Christen, begann. Zurück blieben kulinarische und architektonische Schmuckstücke wie die süßen Desserts und die Pueblos blancos, die weißen Dörfer Andalusiens.

Eine kunterbunt gefüllte Schatzkiste

Für viele wurde Spanien zum Sehnsuchtsland: Schriftsteller wie Hans Christian Andersen, Rainer Maria Rilke oder Ernest Hemingway kamen hierher – nach Málaga, Ronda oder Pamplona – und hielten ihre Erlebnisse in ihren Büchern fest. Jede einzelne Region hat ihren speziellen Charakter: ob die wilde, wunderschöne Atlantikküste, das Mittelmeer mit weißen Sandstränden oder das Landesinnere, wo Don Quijote gegen Windmühlen kämpfte. Vieles lässt sich auf Rad- oder Wandertouren entdecken. 60 Orte – Dörfer und Städte – wie Bilbao, Santiago de Compostela oder Toledo, von denen man bestimmt schon mal gehört hat. Aber was ist mit Ribadesella, Brihuega oder Baiona? Secret Citys Spanien: das beliebteste Reiseland der Deutschen zum Neuentdecken.
Nicole Biarnés und Grit Schwarzenburg

Zubizuri, die »weiße Brücke«, wird Calatravas Konstruktion auf Baskisch genannt. Sie soll neues Leben in das ehemalige Industriegebiet Bilbaos bringen.

DER NORDEN

Urban bis wild – die spanische Nordküste von Baiona bis San Sebastián

1

BAIONA – DAS SEEFAHRERDORF

IM LAND DER GALICISCHEN FJORDE

Baiona an der Südwestküste Galiciens kann sich für zwei Dinge rühmen: Der Ort gehört zu den schönsten Fischerdörfern Spaniens, dem Verbund der Villas Marineras. Und: Hier erfuhren die Menschen im späten 15. Jahrhundert als Erste von der Existenz der Neuen Welt.

Nicht weit von der Grenze zu Portugal entfernt liegt Baiona am südwestlichen Ufer der Ría de Vigo. Rías Baixas, »untere Meeresarme«, so wird die Küstenregion zwischen dem Grenzfluss Miño und dem Kap Finisterre genannt. Das sind vier tief ins Landesinnere reichende Buchten, die an Fjorde erinnern.

Im Hafen von Baiona kann eine Nachbildung von Kolumbus' Karavelle »La Pinta« besichtigt werden. Einmal im Jahr kommt ihr eine noch größere Rolle zu. Dann wird auf ihren Planken ein historisches Ereignis nachgestellt. Am 1. März 1493 lief Kapitän Martín Pinzón mit der Karavelle »Pinta« im Hafen von Baiona ein. Christoph Kolumbus war auf »La Niña« noch unterwegs nach Cascais/Lissabon. Ein Sturm vor den Azoren hatte die Schiffe getrennt. Sie brachten Nachrichten von der Entdeckung der Neuen Welt mit – und daneben Gold, verschiedene Pflanzen, Gewürze, aber auch Tiere. Das Eintreffen der »Pinta« wird noch heute Anfang März als Festa da Arribada im Hafen gefeiert und gilt als eines der wichtigsten mittelalterlichen Events in Galicien.

Die steinerne Jungfrau

Auf einer Halbinsel neben dem Hafen thront die Festung Fortaleza de Monterreal, errichtet zwischen dem 11. und 17. Jahrhundert. Umgeben ist der 18 Hektar große Komplex von einer drei Kilometer langen Mauer. Diese hielt im späten 17. Jahrhundert den Angriffen von Sir Francis Drake stand, der mit seiner Armada im Hafen lag. Von der alten Burg sind lediglich die Türme und die Mauer erhalten. Baiona ist Station des portugiesischen Jakobswegs – von Porto nach Santiago de Compostela entlang der Küste. Für Pilgernde sind zwei Gotteshäuser im Herzen der Altstadt wichtige Anlaufpunkte: die Kapelle Santa Liberata und die gotische Ex-Stiftskirche Santa María aus dem 13. Jahrhundert. Die Capela de Santa Liberata ist der ersten gekreuzigten Frau der Christenheit gewidmet, wohl eine fromme Legende.

Oberhalb der Stadt, vom Berg Sansón aus, wacht seit 1930 die 15 Meter hohe Virxe da Rocha. Die Skulptur der »Jungfrau des Felsens« sollte den Seeleuten als Orientierungspunkt dienen. Geschaffen wurde sie vom Architekten Antonio Palacios Ramilo. Gesicht und Hände aus weißem Marmor hat der Bildhauer Ángel Garcia gefertigt. Sie trägt eine Krone aus Porzellan. Das Denkmal ist innen hohl, über eine steinerne Wendeltreppe gelangt man in das Boot, das die Jungfrau in der rechten Hand hält. Von diesem Aussichtspunkt blickt man bis zu den Illas Cíes.

INFO

DIE INSELN DER GÖTTER

Im Meer direkt vor den Rías Baixas liegen die Illas Cíes – ein Archipel bestehend aus den drei Inseln Monteagudo, Do Faro und San Martiño. Die ersten beiden sind durch eine Sandbank miteinander verbunden. Sie ist laut der britischen Tageszeitung »The Guardian« (2007) der schönste Strand der Welt. Die Praia de Rodas bezaubert mit schneeweißem Sand und türkisblauem Wasser, den Kontrast bilden Kiefern- und Eukalyptuswälder. Bereits die Römer erlagen dem Charme der Illas Cíes, sie nannten sie die »Inseln der Götter«. Später wurden sie von Piraten als Versteck genutzt, heute sind sie unbewohnt, und die Anzahl der Besuchenden ist limitiert. Seit 2002 gehört die Inselgruppe zum einzigen Nationalpark Galiciens, dem Parque Nacional das Illas Atlánticas de Galicia, mit Europas größter Möwenkolonie.

WEITERE INFORMATIONEN

baiona.gal
turismodebaiona.com
turismo.gal
turismoriasbaixas.com
lasislascies.com

↖ Die gesamten Mauern der Festung sind begehbar. Innerhalb steht seit 1966 ein Luxushotel, ein Parador.
↑ Kein Strand ist schöner: Praia de Rodas

2

PONTEVEDRA – PERLE DES CAMINHO PORTUGUÊS

GEHEIMNISSE UM CHRISTOPH KOLUMBUS

Im 16. Jahrhundert war Pontevedra die größte Stadt Galiciens. Fischfang, Handel und etliche Expeditionen in die Neue Welt verhalfen ihr zu Wohlstand. Die historische Altstadt zählt zu den schönsten und am besten erhaltenen in Spanien. Seit einigen Jahren ist der Ortskern autofrei.

Die Provinzhauptstadt Pontevedra war Heimat vieler Seefahrer, die für Spanien die Neue Welt entdecken sollten. In Seefahrer-Kreisen halten sich hartnäckig drei Gerüchte: 1. Christoph Kolumbus ist ein Sohn der Stadt. 2. In einer hiesigen Werft wurde sein berühmtes, aber ungeliebtes Flaggschiff, die »Santa Maria«, gebaut. Damals hieß sie noch »La Gallega«, die »Galicierin« und gehörte Juan de la Cosa, der als Kapitän ebenfalls mit auf dem Weg nach Indien war. Statt neben der »Pinta« und der »Niña« eine weitere wendige Karavelle zu bekommen, musste sich Kolumbus mit dem behäbigen Frachtschiff begnügen. 3. Der Entdecker ist in der Hauptfassade der Basílica de Santa María la Mayor verewigt. Die imposante Kirche ist ein Juwel gotischer Architektur in Galicien – mit Elementen aus der portugiesischen Manuelinik und der Renaissance. Sie erhielt als einziges galicisches Bauwerk die Auszeichnung »Königliches Heiligtum«. Erbaut wurde sie im 16. Jahrhundert – im Auftrag der städtischen Seefahrergilde. Ihr Portal ist wie ein Altarbild gestaltet: Zu beiden Seiten wachen Petrus und Paulus, darüber erscheinen Szenen aus dem Leben Jesu. Und Christoph Kolumbus? Was verifiziert ist: die tolle Aussicht vom Glockenturm.

Ein Heiliger macht Station

Pontevedra liegt am portugiesischen Jakobsweg. Mitten in der Stadt, an der Praza de Peregrina und unschwer zu erkennen, steht die Kirche der »jungfräulichen Pilgerin«, Santuario de la Peregrina. Sie ist eine der Hauptattraktionen des Jakobswegs. Ihr Grundriss gleicht einer Jakobsmuschel, dem Zeichen der Pilgernden. Die Jungfrau Maria ist sowohl an der Außenfassade als auch auf dem Altarbild im Pilgergewand dargestellt. Erbaut im späten 18. Jahrhundert, verband man Details aus dem Spätbarock mit neoklassizistischen Elementen. Direkt gegenüber steht die gotische Klosterkirche San Francisco mit wunderschönen Glasfenstern. Franz von Assisi soll das Kloster gegründet haben, als er auf dem Jakobsweg in Pontevedra Halt machte. Über die Stadt verteilen sich Herrenhäuser, die mit Wappen geschmückt sind, und lauschige Plätze zum Verweilen.

Der wohl schönste ist die Praza do Teucro, benannt nach dem griechischen Helden Teukros. Lange Zeit gab man sich der Vorstellung hin, dass er sich nach dem Trojanischen Krieg hierher verirrte und die Stadt gründete. Das taten aber die Römer, zudem bauten sie eine Brücke über den Lérez. Daraus entstand der Name – erst *Pontis Veteris,* später wurde daraus Pontevedra.

↙ Die Praza da Ferraría in der Altstadt – unweit der »Muschelkirche« – ist einer der beliebtesten Plätze. ↓ Schon die Neandertaler und die Kelten nutzten die heilenden Quellen.

INFO

HEISSE QUELLEN

Rund 20 Kilometer nördlich liegt eine der ältesten und wichtigsten Kurstädte Galiciens, Caldas de Reis. In dem Ort gibt es eine von rund 300 Thermalquellen in der Region, wovon aber nur 20 als Heilbad genutzt werden. Das Wasser aus der hiesigen Quelle ist 40 bis 49 Grad warm und schwefelhaltig, zudem enthält es Lithium, Silizium und Natron. Es soll bei Haut- und Atemwegserkrankungen, Gelenkbeschwerden und sogar bei gynäkologischen Problemen sowie Stress helfen. Die alten Römer richteten hier die ersten Bäder ein und nannten die Stadt *Aquis Celenis* bzw. *Aquae Celenae*, was so viel wie »heißes Wasser« bedeutet. Doch erst seit 1780 strömen die Menschen zu den heilenden Quellen – seitdem es die beiden Badehäuser Balneario Davila und das Balneario Acuña gibt. Beide bestehen bis heute als Thermalbäder inklusive Hotel.

WEITERE INFORMATIONEN

visit-pontevedra.com
pontevedra.gal
terrasdepontevedra.org
caldasdereis.com

3

SANTIAGO DE COMPOSTELA – ZIEL DES JAKOBSWEGS

VON LICHT UND SCHATTEN

Nach Jerusalem und Rom ist Santiago de Compostela der wichtigste Wallfahrtsort der Welt. Seit Jahrhunderten pilgern die Menschen hierher zum Grab des Apostel Jakobus. Das historische Zentrum von Santiago de Compostela ist zwar UNESCO-Weltkulturerbe, dennoch wirkt die Stadt lebendig und jung.

Die Entstehung der galicischen Hauptstadt ist schnell erzählt: Nach einer Lichterscheinung wurde hier im 9. Jahrhundert ein Grab entdeckt und zu dem des heiligen Jakobus erklärt. Er war einer der zwölf Jünger und der erste Märtyrer unter den Aposteln. Um sein Grab herum baute man eine einfache Kirche – an der Stelle, wo heute die imposante Kathedrale aus Granit steht. In ihrem Schatten entwickelte sich ein Dorf, das heutige Santiago de Compostela mit derzeit fast 100 000 Einwohnern.

Rund um das berühmte Grab

Die Kathedrale ist das Ziel aller Jakobswege. Errichtet 1075 unter Alfons VI. im Stil der Romanik, wurde sie 1211 geweiht. Da die Kathedrale im Laufe der Jahrhunderte immer wieder erweitert wurde, finden sich auch andere Architekturstile. So gilt ihre Westfassade mit den beiden Türmen als Meisterwerk des spanischen Barocks. Über eine Doppeltreppe gelangt man zum Eingangsbereich. Oben im Mittelgiebel »begrüßt« der heilige Jakobus die Pilgernden. Prunkstück ist der vergoldete barocke Hochaltar mit einer überlebensgroßen Statue des Apostels. Unter dem Altar befindet sich die Krypta mit seinen Überresten in einem silbernen Schrein. Höhepunkt sind die Gottesdienste mit dem *Botafumeiro,* einem 53 Kilogramm schweren und 1,50 Meter hohen Weihrauchfass, das von der Hauptkuppel hängt. Um es an Festtagen zu den Seitenflügeln schwingen zu lassen, braucht es acht Männer. Der Kathedrale kann man sogar aufs Dach steigen und den Panoramablick auf die Altstadt genießen.

Umgeben ist das Gotteshaus von vier Plätzen. An der großen Praza del Obradoiro vor der Westfassade trudeln die Pilgernden ein. Südlich liegt die Praza Praterías, nördlich die Praza de la Inmaculada mit dem barocken Benediktinerkloster San Martiño Pinario. Dessen Kirche ist innen künstlerisch sehr aufwendig gestaltet. Auf der Ostseite befindet sich die Praza Quintana mit einer schönen Freitreppe und der Heiligen Pforte. Dieser Eingang zur Kathedrale wird nur im Heiligen Jahr geöffnet. Um den Platz rankt sich eine Legende, eine Liebesgeschichte. Nachts trafen sich hier heimlich eine Nonne und ein Priester, die gemeinsam fortlaufen wollten. Leider tauchte die Nonne zum verabredeten Zeitpunkt nicht auf. Seitdem wartet der Priester, der sich als Pilger mit Hut und Stab verkleidet hatte, auf sie – oder vielmehr sein Schatten, der jede Nacht neben der Heiligen Pforte erscheint. Ausgelöst wird dieser Effekt allerdings durch die Beleuchtung. Der alte Stadtkern lädt zum Schlendern ein – vorbei an historischen Häusern mit unter-

→ An der Kathedrale von Santiago kommen alle Pilgernden an – sei es auf dem Camino Primitivo, dem Camino Francés oder dem Caminho Português.

schiedlichsten Fassaden. Dennoch wirkt Santiago de Compostela frisch. Überall in den Gassen, Parks und auf den Plätzen trifft man junge Menschen, oft Studierende, an.

Die Bank der Liebenden

Wer Ruhe sucht, ist im Parque La Alameda richtig. Von einigen Punkten aus hat man einen wunderschönen Blick auf die Altstadt. Hinter dem Musikpavillon steht eine »Flüsterbank«. Die halbrunde Steinbank besitzt durch ihre Form ungewöhnliche akustische Eigenschaften. Wenn man den Kopf gegen ihre Rückseite lehnt, wird jeder Ton von einem Ende zum anderen getragen. Seit Franco ist sie auch als die Bank der Liebenden bekannt. Es war damals verpönt, wenn sich unverheiratete Paare öffentlich trafen, und hier konnten sie »mit Abstand« reden. Wer weiß, wie viele Geheimnisse die Bank so schon gehört hat. Wem mehr nach Moderne ist, dem sei das Galicische Zentrum für zeitgenössische Kunst, entworfen vom portugiesischen Architekten Álvaro Siza, empfohlen oder der etwas weiter vom Stadtkern entfernte Kulturkomplex Cidade da Cultura de Galicia, ein Werk des 1932 geborenen amerikanischen Architekten Peter Eisenman.

Bis ans Ende der Welt

Wenn man schon mal in Santiago de Compostela ist, sollte man die Gelegenheit nutzen, an die atemberaubende und wilde galicische Küste zu fahren. Als Erstes wartet Muros auf der Halbinsel Louro, direkt an der Ría de Muros e Noia gelegen. Das Fischerörtchen hat eine unter Denkmalschutz stehende Altstadt, charakteristisch sind die Arkadengänge und die verglasten Holzbalkone. Entweder bummelt man durch die Gassen vorbei an Kirchen und Stadtpalästen oder entlang der Hafenpromenade. Ganz in der Nähe kann man die Petroglyphen von Laxe das Rodas bestaunen. Das sind für die Region typische Felsritzungen in Form von Spiralen oder konzentrischen Kreisen. Auf der anderen Seite der Halbinsel befindet sich die Gemeinde Carnota mit ihrer 42 Kilometer langen Küste und 33 Stränden. Einer von ihnen erscheint unendlich, es ist der größte Traumstrand von Galicien: feinsandig, sichelförmig, sieben Kilometer lang und bei Ebbe stellenweise mehr als 500 Meter breit. Bekannt ist Carnota auch durch einen reich verzierten Hórreo, einen auf Stelzen stehenden Korn- und Gemüsespeicher aus dem 18. Jahrhundert. Er ist aus Granit, fast 35 Meter lang, anderthalb Meter breit, zwei Meter hoch und damit der größte in Galicien. Folgt man der Küste, erreicht man das Ende der Welt *(Finis Terrae)* in Cabo Fisterra. So dachte man jedenfalls vor der Entdeckung der Neuen Welt. Es ist auch das Ziel einiger Pilger, die über Santiago de Compostela hinausgehen wollen. Hier steht auf den Klippen der Leuchtturm Faro de Fisterra (1853), der die Seeleute vor der Costa da Morte, der »Todesküste«, warnt. Von diesem Punkt aus hat man einen einfach atemberaubenden Blick auf den Ozean und die zerklüftete Küste.

↗ Der berühmte Hórreo von Carnota wurde zum Nationalen Historischen Denkmal erklärt.
↖ Geprägt wird das Bild der Altstadt auch durch die zahlreichen Arkadengänge der Granithäuser.
← Zumeist sieht man die Jakobsmuscheln an den Rucksäcken der Pilgernden – als Erkennungszeichen.

INFO

DER VERSTECKTE GARTEN

In der Nähe der Kathedrale von Santiago de Compostela, in der Rúa da Fonte de San Miguel, liegt verborgen das Hotel Costa Vella. Es mag zwar nicht das luxuriöseste Haus der Stadt sein, aber es lockt mit einem der schönsten Gärten weit und breit. Schon wenn man am blätterumrankten Eingang vorbeikommt, kann man nicht anders als hineinzugehen. Es ist ein stiller Ort mit einem Café, das sich auch bei Einheimischen großer Beliebtheit erfreut und ein gutes Frühstück bietet – mit galicischen Spezialitäten, wie z. B. Queixo Tetilla, ein regionaler Käse. In der Straße befinden sich einige interessante Bars mit guter Musik und entspannter Atmosphäre. Sehr beliebt bei den Galiciern und Galicierinnen sind auch der Pub Atlántico und die Bar Camalea, die ein bisschen versteckt an der Praza de San Martiño liegt und eine schöne Terrasse hat. Ganz in der Nähe gibt es einen kleinen Schleichweg, den so gut wie niemand geht: die Rúa da Moeda Vella. Von einer Stelle aus öffnet sich ein ganz wunderbarer Blick auf die Kathedrale.

WEITERE INFORMATIONEN

costavella.com
pubatlantico.com
turismo.gal
santiagoturismo.com
catedraldesantiago.es

Unbedingt probieren sollte man den spanischen Mandelkuchen, *Tarta de Santiago*, ein traditionelles Dessert.

4

A CORUÑA – DIE GLÄSERNE STADT

WO HERKULES DEN RIESEN BESIEGTE

Sie ist die größte Stadt in Galicien, im äußersten Nordwesten Spaniens: A Coruña – so ihr galicischer Name. Laut Legende hat Herkules sie gegründet, ihm ist auch der Leuchtturm geweiht. Der wiederum inspirierte Picasso. Die Liebe zu Galicien begleitete den berühmten Künstler bis ins hohe Alter.

Die galicische Küste ist auch als Costa da Morte (»Todesküste«) bekannt. Schon die Römer fürchteten wegen der heftigen Stürme um ihre Schiffe, die auf Handelsrouten Richtung Britannien und Gallien unterwegs waren. Zum Schutz und als Orientierungshilfe ließen sie unter Kaiser Trajan (er regierte von 98 bis 117 n. Chr.) einen Leuchtturm bauen. Gleich daneben, in der geschützten Bucht, entstand der wichtige Handelshafen *Brigantium*, das heutige A Coruña.

Den Leuchtturm gibt es noch, er thront auf einem Felsen und weist den Seefahrern den Weg – alle 20 Sekunden per Lichtsignal. Damit ist er der älteste funktionierende Leuchtturm der Welt. Der Torre de Hércules gilt als das Wahrzeichen von A Coruña. König Alfons X. (Regentschaft 1252–1284) setzte das Gerücht in die Welt, der griechische Held habe hier die Menschen von der Herrschaft des Riesen Geryon befreit. Drei Tage und Nächte sollen sie gegeneinander gekämpft haben, bevor Herkules siegte. Nicht bekannt ist, wie der Turm ursprünglich aussah. Im Laufe der Jahrhunderte wurde er mehrfach zerstört und wieder aufgebaut. Im späten 18. Jahrhundert erhielt er sein heutiges Aussehen: ein 55 Meter hoher, viereckiger Turm im klassizistischen Stil. Römische Originalteile sind im Inneren noch erhalten. Als Ende des 19. Jahrhunderts Männer und Frauen aus Galicien nach Lateinamerika auswanderten, ertönte beim Passieren des Herkulesturms zum Abschied drei Mal das Signalhorn. Seit 1927 ist das Lichtsignal elektrisch. Rund um das UNESCO-Weltkulturerbe wurde der Skulpturenpark Parque Escultórico angelegt.

← Bekannt ist die Stadt wegen ihres typischen Architekturstils: Überall finden sich die charakteristischen weißen Glasbalkone, die *Galerías*.

Picasso in Galicien

»Turm aus Karamell« nannte Pablo Picasso den Herkulesturm. Er war gerade einmal zehn Jahre alt, als seine Familie 1891 vom sonnigen Málaga in die feuchte galicische Stadt zog. Damals zierte der Leuchtturm fast alle Süßigkeiten-Verpackungen. Picasso fertigte Zeichnungen und Ölbilder des trutzigen Bauwerks an. Die Zeit in A Coruña sollte zu einer wichtigen Periode seiner künstlerischen Entwicklung werden. Statt die Schulbank zu drücken, streifte Pablo oft durch die Stadt – eine Vorliebe hatte er für die Arbeiter- und Fischerviertel. Er malte das, was er sah – die Spaziergänger am Strand von Riazor oder die Angelnden am Hafen. Er versuchte sich in Öl, 1895 entstanden das »Porträt des Dr. Pérez Costales«, das Bild des Arztes und ehemaligen Ministers (ein persönlicher Freund seines Vaters) hängt im Picasso-Museum in Málaga, sowie sein erstes Meisterwerk »Das Mädchen mit nackten Füßen«. Das Bild machte den

← Vom San-Pedro-Hügel aus hat man einen herrlichen Ausblick auf die Küste und den Herkulesturm.
↙ Der römische Soldat vor dem Museo Domus stammt vom kolumbianischen Künstler Fernando Botero.
↘ Der Herkulesturm ziert zusammen mit sieben Jakobsmuscheln das Stadtwappen von A Coruña.

Teenager bekannt, es wurde ausgestellt. Mehr als 200 Werke, inklusive die in seinen Skizzen und Tagebüchern, entstanden in den vier Jahren in A Coruña. 1895, als Picasso 13 Jahre alt war, zog die Familie nach Barcelona. Aber Galicien und die Sprache vergaß er nie – ebenso wenig die Farben und Formen, die immer wieder in seinen Werken auftauchen sollten. Das Haus, in dem die Familie damals wohnte, ist heute ein Museum. Zu sehen sind ein paar Werke seines Vaters und 27 Reproduktionen des jungen Picassos – Ölgemälde, Aquarelle und Zeichnungen.

Die Kristallstadt

Eines der schönsten Bauwerke der Stadt ist ihre älteste Kirche, Igrexa de Santiago. Erbaut im 12. Jahrhundert, ist sie dem heiligen Jakobus gewidmet. Später wurde die romanische Kirche um einige Anbauten erweitert. Den Spitzbogen im Hauptportal ziert ein Jakobus zu Pferde mit Schwert als Maurentöter. Als Schmuckstück des Stadtzentrums nimmt die Praza de María Pita aus dem Jahr 1877 eine Fläche von 10 000 Quadratmetern ein. Benannt ist sie nach der Heldin der Stadt: María Pita war eine Metzgersfrau, die 1589 gegen die englische Armada unter Führung von Sir Francis Drake kämpfte, die A Coruña einnehmen wollte. Die Einwohnerschaft konnte die britische Seemacht zurückdrängen. Auf dem rechteckigen Platz steht auch das prachtvolle Rathaus aus dem frühen 20. Jahrhundert. Drei Türme mit Kuppeln krönen das Gebäude mit den Arkadengängen.

Die Altstadt liegt auf einer Halbinsel, um sie herum führt die Strandpromenade Paseo Marítimo, mit 13 Kilometern die längste auf dem europäischen Festland. Sie passiert weitere Wahrzeichen der Stadt, etwa den Hafen, in dem die riesigen Kreuzfahrtschiffe anlegen und die kleinen historischen Fischerboote dümpeln. Dort an der Avenida de la Mariña fallen einem sofort die Häuser auf oder vielmehr ihre Fronten. Es sind geschlossene, weiße Balkone oder Galerien aus Glas, Stahl und Holz. Je nach Tageszeit funkeln die Häuser in einem anderen Licht, so kam A Coruña zu dem Beinamen *Ciudad de Cristal* (»Kristallstadt«). Entstanden im 19. Jahrhundert, dienten diese architektonischen Elemente dazu, die Fassade vor Regen zu schützen, im Sommer zu kühlen und im Winter Wärme zu isolieren. Die Fassaden finden sich mittlerweile aber nicht mehr nur am Hafen, sondern überall in der Stadt – immer angepasst an den Architekturstil des Gebäudes.

Die Strandpromenade führt bis an die beiden großen Stadtstrände Orzán und Riazor. Türkisblaues Wasser und weißer Sand. Am Rande der Bucht, wo die beiden Strände liegen, befindet sich seit 1999 das Aquarium Finisterrae, das größte interaktive Aquarium Europas, in dem 100 verschiedene Fischarten leben. Das Wasser in den Bassins kommt direkt aus dem Meer. Hier gibt es das größte Salzwasserbecken Spaniens, den Nautilus-Raum. Unfassbare 4,5 Millionen Liter Wasser füllen das Becken. Die Besuchenden haben das Gefühl, dass die Fische um sie herumschwimmen.

INFO

DER GALICISCHE STERN

Mehr als einhundert Jahre ist es her, dass José María Rivera Corral aus Kuba und Mexiko zurückkehrte. Er brachte eine Idee und die nötigen Erfahrungen mit. Obwohl damals noch nicht so viel Bier getrunken wurde, gründete er 1906 eine Brauerei in A Coruña, La Estrella de Galicia. Sein Sohn Ramón Rivera Illade machte damals als einer der ersten Braumeister Spaniens seinen Abschluss. Mittlerweile ist die fünfte Generation der Rivera-Familie am Ruder und exportiert den Gerstensaft sogar ins Ausland – als Brauerei Hijos de Rivera. Die bekannteste und beliebteste Sorte ist ein helles, fast goldfarbenes Bier mit Hopfen aus Spanien und Deutschland. Seit 2019 gibt es in der Fabrik in A Coruña ein Biermuseum, das Mundo Estrella Galicia, kurz MEGA. Hier erfährt man alles über die Geschichte des Biers, die Rohstoffe, die Brauverfahren und Rezepte, und es lässt sich sogar beobachten, wie das Bier in der Fabrik hergestellt wird. Zudem werden Braukurse und Verkostungen angeboten.

WEITERE INFORMATIONEN

spain.info
turismo.gal
coruna.gal
turismocoruna.com
mundoestrellagalicia.es
corporacionhijosderivera.com

Mittlerweile ist Bier in Spanien genauso beliebt wie Wein. Typischerweise isst man dazu Tapas.

5

VIVEIRO – DAS LOURDES GALICIENS

DIE BESTE BANK DER WELT

Sie gilt als die schönste Stadt an den Rías Altas der galicischen Nordküste: Einst war Viveiro umgeben von Stadtmauern; davon sind heute nur noch drei Tore übrig. In der Altstadt finden sich überall die für Galicien typisch verglasten Holzbalkone – und eine Nachbildung der Grotte von Lourdes.

Ganz idyllisch liegt das Hafenstädtchen da – am Rande des Küstengebirges Serra do Xistral und an den Ufern der Ría de Viveiro, dort, wo der Fluss Landro in das Kantabrische Meer mündet. Der Fischerhafen Celeiro gilt als einer der wichtigsten in der Gegend. Hier kann man bei Fischversteigerungen dabei sein oder sich in einem der Restaurants Tintenfisch *(Pulpo)*, Entenmuscheln *(Percebes)* oder Seehecht *(Merluza)* schmecken lassen. Nördlich vom Hafen liegt der Strand Praia da Area. Laut Legende befand sich hier einst eine Stadt. Sie versank, weil die Menschen die Predigten des heiligen Jakobus nicht hören wollten. Der zweite große und beliebte Strand von Viveiro, Praia de Covas, liegt auf der anderen Seite der Ría.

Direkt am Ufer verläuft der Paséo Marítimo, den Häuser mit verglasten Galerien säumen. In der Ortsmitte befindet sich das gut erhaltene Stadttor Puerta de Carlos V., dessen Fassade lokale Wappen schmücken. Das historische Zentrum markiert die Praza Maior mit dem Standbild von Nicomedes Pastor Díaz, Schriftsteller und Politiker, der hier 1811 geboren wurde. Das Rathaus, Casa Consistorial, sticht nur wegen seiner Sonnenuhr aus der Reihe der Häuser hervor.

Der galicische Opa

Am höchsten Punkt der Stadt steht die romanische Kirche Santa María del Campo. Die Pietà aus dem 16. Jahrhundert wird bei der Prozession in der Karwoche durch die Stadt getragen. Hinter der Kirche befindet sich das Convento de las Concepcionistas, das einen dreistöckigen Kreuzgang umschließt. Die hier lebenden Dominikanerinnen verkaufen Gebäck und Süßigkeiten. Durch ein Tor gelangt man zu einem Nachbau der Grotte im französischen Lourdes. Geschaffen hat sie 1925 der Priester José Pérez Barreiro. Auffallend sind die Opfergaben: Teile des menschlichen Körpers aus Wachs. Man hängt sie auf und betet für die Gesundheit.

Östlich des Stadtzentrums gibt es zwei Aussichtspunkte: der 350 Meter hohe Monte de San Roque und der Penedo do Galo in 500 Metern Höhe. In der Nähe erstreckt sich der wohl älteste Eukalyptuswald Europas, der Souto da Retorta en Chavín, ein Naturdenkmal. Mittendrin steht *O Avó*, galicisch für »Opa«. Gemeint ist damit ein mehr als einhundert Jahre alter Eukalyptusbaum, mit rund 70 Metern einer der höchsten in Europa. Ab 1860 wurden hier diese Bäume gepflanzt, um die Gegend vor Überschwemmungen zu schützen. Nicht weit entfernt befindet sich der spektakuläre, 30 Meter hohe Wasserfall Pozo da Ferida.

↙ Die farbenfrohen Häuser am Hafen von Viveiro mit den typischen verglasten Balkonen
↓ Rafael Prieto Fernández, ein Einwohner Loibas, stellte 2009 die heute berühmte Bank auf.

INFO

KÜSTENSCHÄTZE
Westlich von Viveiro erstreckt sich die atemberaubende Steilküste von Loiba (Ortigueira). Auf mehreren Sitzgelegenheiten kann man die Schönheit der Küste, die Aussicht und Sonnenuntergänge genießen. Eine Bank allerdings hat die perfekte Sicht auf alles. Sie wurde als »die beste Bank der Welt« bekannt. Das jedenfalls schrieben schottische Musiker, die während eines Festivals hier waren, auf ihre Rückseite. Weltweit berühmt wurde die Bank durch eine spektakuläre Nachtaufnahme von Dani Caxete, einem Fotografen aus dem benachbarten Viveiro. Östlich von Viveiro liegt der als Playa de las Catedrales bekannte Strand, einer der beeindruckendsten an der kantabrischen Küste. Überall, wohin man schaut, riesige Felsbögen und Gewölbe – daher der Name. Die Wellen des Meeres haben die Steilküste so geformt und diese wunderschönen Gebilde hinterlassen. Kein Wunder, dass der Strand zum Naturdenkmal erklärt wurde.

WEITERE INFORMATIONEN
turismo.gal
viveiroturismo.eu

Das Küstenstädtchen Viveiro liegt nicht direkt am Meer, sondern dort, wo der Río Landro in die Ría de Viverio mündet, eine große Bucht.

6

AVILÉS – DAS UFO VON ASTURIEN

LIEBLINGSORT DER KÜNSTLER

Sie ist eine der drei großen Städte im Fürstentum Asturien: die Hafenstadt Avilés. Lange war sie für ihre Industrie berüchtigt. Dabei verfügt Avilés über eine beschauliche Altstadt mit echten Schmuckstücken und seit 2011 sogar über das Werk eines weltberühmten Architekten.

Avilés will raus aus der Flaute. Die Metallindustrie sorgte zwar viele Jahre lang für Arbeitsplätze, aber nicht für Touristenscharen. Mittlerweile ist die Stahlverarbeitung auf dem Rückzug; Zeit für ein Wunder. Avilés wollte als Kulturstandort wie Bilbao mit einem städtebaulichen Juwel architekturbegeisterte Menschen aus aller Welt anlocken.

Projekt Zukunft

Der brasilianische Star-Architekt Oscar Niemeyer (1907–2012) bezeichnete es als sein »wichtigstes und schönstes Bauwerk außerhalb Brasiliens«: das Kulturzentrum Centro Niemeyer. Es war sein erstes Werk in Spanien und ein Geschenk an Asturien. 1989 hatte der Architekt den Prinz-von-Asturien-Preis für Kunst erhalten. Seit 2011 stehen nun am Rande der Ría de Avilés, direkt gegenüber der Altstadt, vier strahlend weiße Gebäude um einen Platz herum. Im flachen Mehrzweckgebäude mit der geschwungenen Fassade sind ein Kino und Veranstaltungssäle untergebracht. In der Kuppel finden Ausstellungen statt. Blickfang ist der 20 Meter hohe Aussichtsturm mit Panoramarestaurant; er sieht aus wie ein schwebendes Ufo. Die Hauptattraktion bildet die Konzerthalle, die Platz für fast 1000 Personen bietet. Sie wird *La Caracola* (»die Schnecke«) genannt. Zur Eröffnung spielte Woody Allen zusammen mit einer New-Orleans-Jazz-Band. Der Filmemacher ist ein großer Fan von Nordspanien. Sogar den Schriftsteller Paul Coelho und Schauspieler Brad Pitt zog es schon zum Niemeyer-Zentrum. Dennoch konnte Avilés bislang nicht an Bilbaos Erfolge anknüpfen.

In der gut erhaltenen mittelalterlichem Altstadt reihen sich Stadtpaläste mit Arkadengängen, Jugendstilhäuser, prachtvolle Kirchen und Grünanlagen aneinander. Hauptplatz ist die Plaza de España mit dem prächtigen Rathaus aus dem 17. Jahrhundert und dem barocken Ferrera-Palast. Wo bis 1998 die Familie des Marquis von Ferrera lebte, ist heute ein Luxus-Hotel untergebracht. Dahinter erstreckt sich der 80 000 Quadratmeter große Ferrera-Park – eine von 13 öffentlichen Grünanlagen. Neben dem Palast steht die Iglesia San Nicolás de Bari aus dem 13. Jahrhundert; sehenswert sind der Innenhof und der Kreuzgang. Aus der gleichen Zeit stammt die Iglesia de los Padres Franciscanos am östlichen Rand der Altstadt. Sie hütet die sterblichen Überreste des Seemanns Pedro Menéndez de Avilés in einem Mausoleum. Er gründete 1565 St. Augustine in Florida, die älteste Stadt der USA. An der Kirche befindet sich der Palacio de Camposagrado, er gilt als Juwel des asturischen Barocks.

INFO

DIE STATUE LA MONSTRUA

In der Straße Carreño Miranda steht eine Statue, die abschätzig »Das Monster« genannt wird. Sie zeigt ein hübsches, üppiges Mädchen im Kleid, mit einem Apfel in der Hand. Dabei litt das dargestellte Mädchen, Eugenia Martinez Vallejo, wahrscheinlich unter dem Prader-Willi-Syndrom. Das ist eine genetische Störung, die ständigen Hunger auslösen kann und in Folge extreme Fettleibigkeit. König Karl II. hörte von ihr und ließ das kleine Mädchen aus armen Verhältnissen an seinen Hof bringen, um sie auszustellen, sich zu amüsieren, sie zu entmenschlichen. Das war früher so üblich. Karl II. war derart fasziniert von Eugenia, dass er sie vom Hofmaler Juan Carreño de Miranda 1680 malen ließ – einmal bekleidet, einmal nackt. Beide Bilder hängen jetzt im Prado in Madrid. Außerdem schuf Amado González Hevia die Bronzestatue von ihr, die in Avilés steht.

WEITERE INFORMATIONEN

avilescomarca.info
centroniemeyer.es
turismoaviles.com
aviles.es

↖ Der »Vater« des Kultur-Ufos, Oscar Niemeyer, hat deutsche Vorfahren und ist Planer und Architekt der brasilianischen Hauptstadt Brasilia.
↑ La Monstrua wurde im Jahr 1997 erschaffen.

7

GIJÓN – KAPITALE DER COSTA VERDE

KUNST UND KULTUR AM MEER

Sie ist Hauptstadt und Zentrum der Costa Verde, der »grünen Küste« Asturiens: Gijón. Bereits die Römer wollten hier siedeln und hinterließen Spuren. Aus dem Fischerdörfchen ist eine wichtige Hafenstadt geworden. Um das historische Zentrum herum hat sich eine moderne Stadt entwickelt.

Dass bereits die Kelten hier lebten, zeigt der archäologische Park Campa Torres im äußersten Westen von Gijón – mit Überresten aus dem 5. bis 6. Jahrhundert v. Chr. Den Römern verdankt die Stadt die Reste der Villa Romana von Veranes, die Bäder von Campo Valdés und eine Stadtmauer, die einst die Altstadt von Gijón umschloss. Die liegt auf einer kleinen Halbinsel – ein wahres Postkartenmotiv mit Kopfsteinpflastergassen und Häusern in Gelb, Orange und Rot. Der Vorplatz der Iglesia de San Pedro erstreckt sich direkt am Meer an der 1,5 Kilometer langen Playa de San Lorenzo. Die Kirche wurde zwischen 1945 und 1955 erbaut. Gleich daneben steht der klassizistische Palacio de los Valdés mit seiner eher nüchternen Fassade. Unter dem Platz wurden 1903 die gut erhaltenen Reste einer römischen Therme entdeckt. An den Sporthafen grenzt die Plaza del Marqués mit der Statue des asturischen Königs Pelayo und dem Palacio de Revillagigedo samt seinen viereckigen Türmen. Der Palast aus dem 18. Jahrhundert wird heute für Kunstausstellungen genutzt.

Das obere Drittel der Halbinsel wird vom Parque del Cerro de Santa Catalina eingenommen. Direkt an der Steilküste trotz seit 1990 eines der Wahrzeichen der Stadt Wind und Wetter: die Skulptur *Elogio del Horizonte* (»Lob des Horizonts«) des baskischen Künstlers Eduardo Chillida.

Die Kulturstadt

Am Stadtrand befindet sich seit 2007 das Kulturzentrum Laboral Ciudad de la Cultura. Es gilt mit 130 000 Quadratmetern Fläche als größtes Bauwerk Spaniens. Entstanden ist der Monumentalbau aus Granit und Marmor zwischen 1948 und 1957 als Universidad Laboral de Gijón. Der Architekt Luis Moya hatte den Komplex ursprünglich als autarke Inselstadt konzipiert. Rund um den Innenhof sollte alles angesiedelt werden: Kirche, Theater und sogar ein Bauernhof. 1957 stoppten die Bauarbeiten abrupt und wurden nie fortgesetzt. Zu dem Zeitpunkt lernten schon die ersten Studierenden hier. In den 1980er-Jahren verlor der Komplex an Bedeutung und verfiel, bis ihn die Lokalregierung Asturiens übernahm und wiederbelebte. Heute sind auf dem Areal Fakultäten der Universität von Oviedo untergebracht, das Forschungszentrum eines multinationalen Konzerns, eine Schauspiel- und eine Musikschule sowie ein Theater. Auch die Kirche existiert noch. Viele Bereiche sind frei zugänglich. Ganz in der Nähe liegt der Atlantische Botanische Garten, der auf die Flora und Vegetation der atlantischen Klimazone und Nordspaniens spezialisiert ist.

↙ Der Revillagigedo-Palast gilt als herausragendes Beispiel der asturischen Architektur.
↓ Der Sidra wird vor allem in grüne Flaschen abgefüllt – 3200 davon bilden das Kunstwerk am Hafen.

INFO

LAND DES APFELWEINES

An der Strandpromenade, in der Nähe der Plaza del Marqués und direkt am Sporthafen, steht der »Apfelweinbaum«, *Arbol de la Sidra*. Es ist kein echter Baum, sondern vielmehr ein acht Tonnen schweres Monument aus 3200 leeren Grünglasflaschen. Das entspricht dem jährlichen Glasverbrauch von einhundert Familien. Die Skulptur soll die Menschen anregen, mehr zu recyceln. Im Inneren des »Baums« ist eine Lampe angebracht, die das Kunstwerk nachts grün erstrahlen lässt. Der Sidra ist die nordspanische Version des Apfelweins, rund 80 Prozent werden in Asturien hergestellt. Das Getränk ist typisch für die Region und tief verwurzelt in der Kultur. Aus dem Einschenken wird ein regelrechtes Ritual gemacht. Die Flasche Sidra muss dabei möglichst hoch gehalten werden, das Glas in der anderen Hand möglichst niedrig. Macht man es falsch, schmeckt der Sidra nicht. Es werden sogar regionale Einschenk-Wettbewerbe veranstaltet.

WEITERE INFORMATIONEN:
gijon.es
laboralciudaddelacultura.com

8

OVIEDO – DIE RESIDENZ

EIN KÖNIG UND EIN FORMEL-1-PILOT

Die asturische Hauptstadt Oviedo liegt im Herzen des Fürstentums – umgeben von Bergen. Im 9. und 10. Jahrhundert war sie die Residenz des ersten christlichen Königreichs der Iberischen Halbinsel. Hier nahm der Jakobsweg mit Alfons II. seinen Ursprung und ist heute noch als Camino Primitivo bekannt.

Alfons II., der den Beinamen »der Keusche« trug, war von 791 bis 842 König von Asturien. In Oviedo wurde er geboren, und seine Heimat machte er 812 zur Hauptstadt seines Königreichs. 830 erfuhr er von der Entdeckung der Grabstätte des heiligen Jakobus. Der strenggläubige Alfons machte sich als Erster auf den rund 300 Kilometer langen Weg ins heutige Santiago de Compostela. Am Fundort ließ er eine Kirche erbauen, ein Vorgängerbau der heutigen berühmten Kathedrale. Alfons II. war somit der erste Pilger auf dem Jakobsweg. Heute ist die 310 Kilometer lange Strecke ab Oviedo die älteste der Jakobswege und vergleichsweise wenig frequentiert.

Der Heilige Schrein

Startpunkt für den Camino Primitivo ist die gotische Kathedrale San Salvador in Oviedo, das Herzstück der historischen Altstadt an der hübschen Plaza de Catedral. An der Stelle des heutigen Gotteshauses standen bereits andere bedeutende Vorgänger-Kirchen. Der Bau bzw. Umbau der heutigen Kathedrale begann Ende des 13. Jahrhunderts und dauerte bis weit ins 16. Jahrhundert. So finden sich neben der Gotik auch andere Baustile – von der Romanik bis zum Barock. Die Fassade ist überraschend schlicht gehalten und lenkt den Blick so auf das große Rosettenfenster, den Säulengang am Eingang und den verzierten einzigen Turm. Er ist rund 80 Meter hoch, wird nach oben hin schmaler und schließt mit einer durchbrochenen Fiale ab. Innen prunken der vergoldete Hochaltar, das Sternengewölbe über dem Mittelschiff und der barocke Pantheon mit den Gräbern der asturischen Könige. Über den Kreuzgang gelangt man zur Kapelle San Miguel. Besser bekannt als *Cámara Santa* (»Heilige Kammer«), beherbergt sie den Domschatz. Zu sehen sind die goldene Achatschatulle, das Engelskreuz und das Siegeskreuz, das Teil des Wappens von Oviedo und Asturien ist, sowie die Heilige Truhe *(Arca Santa)*. Die *Cámara Santa* stammt aus dem 9. Jahrhundert und ist damit älter als die heutige Kathedrale – ursprünglich war sie Teil eines Palastes. Sie gilt als einer der bedeutendsten präromanischen Bauten Spaniens und steht unter dem Namen »Monumente von Oviedo und des Königreichs Asturien« auf der Welterbe-Liste der UNESCO.

Ein Baustil wird Welterbe

Die innovative asturische Präromanik steht für schlichte Eleganz. Sie ist ein Baustil, der sich im Frühmittelalter entwickelt hat und nur in dieser Region vorkommt. 14 präromanische Bauwerke haben die Jahrhunderte überdauert,

→ Fast dreihundert Jahre dauerte der Bau der gotischen Kathedrale. Der Originalturm wurde nach einem Blitzschlag neu errichtet.

sechs davon schafften es auf die Liste der UNESCO. Zu den Juwelen dieser Baukunst zählen die beiden Kirchen Santa María del Naranco und San Miguel de Lillo aus dem 9. Jahrhundert, etwas außerhalb des Zentrums von Oviedo gelegen. Erstere diente früher wahrscheinlich als Sommerpalast von König Ramiro I., hat zwei Stockwerke, das untere fensterlos, das andere lichtdurchlässig. Durch die Lage am Hang liegt einem Oviedo hier zu Füßen. Die benachbarte Iglesia de San Miguel nimmt heute nur noch ein Drittel ihrer ursprünglichen Größe ein, da sie im Mittelalter einstürzte und nur in Teilen wiederaufgebaut wurde. Das älteste und größte präromanische Gebäude ist die Iglesia de San Julián de los Prados am östlichen Stadtrand von Oviedo. Errichtet wurde die Kirche, die auch *Santullano* genannt wird, Anfang des 9. Jahrhunderts unter Alfons II.

Sehenswert ist vor allem das Innere mit den bunten, kunstvollen Wandmalereien. Das einzige Profanbauwerk auf der Liste ist La Foncalada aus dem 9. Jahrhundert, ein Brunnenhaus, das eine Trinkwasserquelle schützt.

Die schönen Künste

Nicht weit entfernt von der Kathedrale San Salvador befindet sich seit 1980 das Museo de Bellas Artes de Asturias – gezeigt wird flämische und spanische Kunst. Mit mehr als 15 000 Objekten von klangvollen Schöpfern wie El Greco, Goya, Picasso, Dalí, Miró und vielen anderen besitzt das Museum eine der besten Kunstsammlungen Spaniens. Untergebracht ist es in mehreren Gebäuden des historischen Zentrums. So sind im wunderschönen Palacio de Velarde die älteren Sammlungen und wechselnde Ausstellungen zu sehen, in der Casa de Oviedo-Portal die Kunst des 19. Jahrhunderts und im modernen Flügel die zeitgenössischen Werke.

Wer durch Oviedo spaziert, dem wird eines auffallen: Hunderte von Skulpturen verteilen sich über die ganze Stadt. Vor der Kathedrale steht »Der Reisende« von Eduardo Úrculo, einem Sohn der Stadt. Die bekannteste Skulptur ist »La Maternidad« des Kolumbianers Fernando Botero. Im San-Francisco-Park sitzt die Comicfigur Mafalda des argentinischen Zeichners Quino auf einer Bank. Woody Allens Bronzestatue hat einen Ehrenplatz im Herzen Oviedos, nachdem er es als Märchenstadt beschrieben hat. Die größte Statue mit 30 Metern ist die Christusfigur auf dem Monte Naranco. Von dem Aussichtspunkt bietet sich ein einzigartiger Panoramablick auf Oviedo und die Berglandschaft. Nördlich der Stadt befindet sich das Fernando-Alonso-Museum mit mehr als 350 persönlichen Dingen des Rennfahrers und daneben eine Gokart-Strecke. Der zweifache Formel-1-Weltmeister wurde 1981 in Oviedo geboren. Zu sehen sind u. a. sein erstes Kart, Rennhelme, -anzüge, gewonnene Pokale und Formel-1-Boliden. Übrigens wurde auch Spaniens Königin Letizia in Oviedo geboren. 2004 heiratete sie den damaligen Prinzen von Asturien, Felipe. Heute trägt die gemeinsame Tochter Leonor als Thronfolgerin den Titel »Princesa de Asturias«.

↗ Das Rathaus aus dem frühen 17. Jahrhundert ist das Herzstück der Plaza de la Constitución.
↖ Die Skulptur La Maternidad, Mutterschaft, von Botero steht auf der Plaza de la Escandalera.
← Die Palastkapelle San Miguel aus dem 9. Jahrhundert ist dem Erzengel Michael geweiht.

INFO

GIPFEL VON EUROPA

Im Osten Asturiens beginnen die Picos de Europa, eines der schönsten Gebirge Spaniens – mit spektakulären Gipfeln über 2000 Metern, tiefen Wäldern, idyllischen Almen und klaren Bergseen wie die von Covadonga. Diese liegen im Nationalpark Picos de Europa, der sich über weite Teile des Gebirges erstreckt, seit 2003 UNESCO-Biosphärenreservat ist und zu einem der meistbesuchten Nationalparks des Landes zählt. An den Hängen der Picos de Europa befindet sich ein wahres Käseparadies: der Ort Cabrales. Asturien nennt sich übrigens selbst *País de quesos* (»Land des Käses«). Es werden mehr als 50 Sorten hergestellt. Der bekannteste ist der Cabrales – benannt nach der Region, aus der er kommt. Es ist ein Blauschimmelkäse aus Kuh-, Schafs- und Ziegenmilch mit einem salzigen, würzigen Geschmack. Er wird von Hand produziert, und deswegen gleicht kein Laib dem anderen. In den hiesigen natürlichen Kalksteinhöhlen kann er dann monatelang unter idealen Bedingungen reifen – bei Temperaturen zwischen 8 und 12 Grad Celsius sowie einer Luftfeuchtigkeit von 90 Prozent. Mehrmals bereits erhielt der Cabrales den World Cheese Award.

WEITERE INFORMATIONEN

turismoasturias.es
museoycircuitofernandoalonso.com

Das Gebirge erstreckt sich über Teile Asturiens, Kantabriens und Leóns. Höchster Gipfel ist der Torre de Cerredo.

9

RIBADESELLA – FERIENORT EINER KÖNIGIN

VON DINOS UND HÖHLENMALEREI

Das kleine Fischerdorf an Asturiens grüner Küste ist einer der Lieblingsorte von Spaniens Königin Letizia. Während ihrer Kindheit war sie oft hier bei ihrer Großmutter, die in Ribadesella lebte. Seit 2007 ist Letizia »Adoptivtochter« der Stadt, und eine Uferpromenade heißt nach ihr.

Den besten Blick auf den malerischen Ort an der Flussmündung des Río Sella hat man von der Ermita de la Virgen de Guía. Die Renaissance-Kapelle aus dem späten 16. Jahrhundert liegt auf einer Klippe zwischen Fluss und Kantabrischem Meer. Ribadesella hat eine hübsche Altstadt am östlichen Ufer des Sella und ein moderneres Viertel mit riesigem Sandstrand am westlichen.

Der Paseo de la Grúa gilt als schönste Uferpromenade Asturiens. Eines fällt sofort ins Auge: sechs große Wandmalereien. Die bis zu vier Meter langen und anderthalb Meter hohen Kunstwerke aus Keramik zeigen die Geschichte des Hafens und des Orts auf humorvolle Art. Sie stammen aus der Feder des Karikaturisten Antonio Mingote. Eines der Bilder ist den Auswanderern in die Neue Welt gewidmet. Einige kehrten Anfang des 20. Jahrhunderts reich zurück. Direkt am Strand Playa de Santa Marina ließen sich die sogenannten *Indianos* schöne Villen bauen und Gärten mit exotischen Pflanzen anlegen. Trotz ihres Wohlstands vergaßen sie ihre ärmliche Herkunft nicht und stifteten Schulen.

Vor unserer Zeit

Am westlichen Ende des Strands sollte man sich die Felsen ganz genau anschauen. In etwa sieben Metern Höhe sind Fußspuren zu erkennen: die eines Dinosauriers. Der Küstenabschnitt zwischen Ribadesella und Gijón wird Costa del Dino genannt und gilt als bedeutendste Ausgrabungsstätte Europas. Vor 150 bis 200 Millionen Jahren lebten Dinosaurier unterschiedlichster Größen hier. Zu bestaunen sind sie im Museo del Jurásico de Asturias (MUJA) bei Colunga. Es hat die Form eines Dino-Fußes. Nur wenige Meter entfernt an der Playa La Griega ist der weltweit zweitgrößte Dinosaurierabdruck, der bisher gefunden wurde. Er hat einen Durchmesser von 1,20 Meter.

Was Relikte grauer Vorzeit angeht, erweist sich die Umgebung von Ribadesella als sehr ergiebig. 1968 entdeckten hiesige Höhlenforscher steinzeitliche Wandmalereien in einer Tropfsteinhöhle, die heute den Namen eines ihrer Entdecker trägt, Tito Bustillo. Auf einer Länge von 700 Metern finden sich Malereien aus der Zeit zwischen 22 000 bis 10 000 v. Chr. Rund einhundert Abbildungen von diversen Tieren – gemalt oder graviert – sind zu sehen. Zum Schutz der Malereien darf nur eine begrenzte Anzahl an Menschen in die Höhle. Alternativ kann man dem Museum Centro de Arte Rupestre de Tito Bustillo einen Besuch abstatten. Seit 2008 gehört die Cueva de Tito Bustillo zum Welterbe.

INFO

VERSTECKTE SCHÄTZE

Auf halber Strecke zwischen den beiden Küstenorten Ribadesella und Llanes verbirgt sich die Playa de Gulpiyuri, ein einzigartiges Naturdenkmal. Zwischen steilen Klippen und sattem Grün liegt der 40 Meter breite goldene Strand, der nur zu Fuß erreichbar ist. Das Besondere: Es handelt sich um einen Binnenstrand, rund 100 Meter vom offenen Meer entfernt. Das Wasser gelangt durch ein unterirdisches Höhlensystem in den Kalksteinfelsen hierher. Einige Kilometer entfernt – versteckt in den Bergen im Dorf Arriondas – befindet sich ein 2-Sterne-Restaurant, das Casa Marcial. Ein wunderschönes Haus mit Blumenkästen ringsum, in dem Besitzer und Chefkoch Nacho Manzano aufgewachsen ist. Er steht für die moderne Küche Asturiens. Manzano interpretiert traditionelle Gerichte neu, wie den Bohneneintopf, und verwendet viele lokale Produkte wie Käse oder Fisch.

WEITERE INFORMATIONEN

ribadesella.es
centrotitobustillo.com
museojurasicoasturias.com
casamarcial.es

↖ Die Cueva de Tito Bustillo und 17 weitere altsteinzeitliche Höhlen in Asturien, Kantabrien und dem Baskenland sind Welterbe.
↑ Bei Flut verschwindet fast der ganze Strand.

10

SANTILLANA DEL MAR – DREI MAL GESCHUMMELT

DAS JUWEL AUS EINER ANDEREN ZEIT

Das Städtchen Santillana del Mar mit gerade einmal 4000 Einwohnern zählt zu den schönsten Nordspaniens. Die prachtvollen Bauten im autofreien Ortskern versetzen einen ins Mittelalter. Und wer noch weiter zurückwill, den erwarten in der näheren Umgebung Höhlen mit Steinzeitkunst.

Eines gleich vorweg, der kantabrische Ort ist weder heilig *(santo)*, noch flach *(llano)*, und schon gar nicht liegt er am Meer *(mar)*, sondern ein paar Kilometer entfernt. Name und Stadt gehen zurück auf das 8. Jahrhundert. Mönche ließen sich hier nieder. Sie waren im Besitz der Reliquien der heiligen Juliana – einer Märtyrerin aus Nikomedien in der heutigen Türkei, die 304 starb. Die Benediktiner erbauten erst eine kleine Kapelle, dann ein ganzes Kloster, das im 12. Jahrhundert um die Stiftskirche erweitert wurde. Drumherum entstand ein Dorf: *Sancta Luliana* – heute Santillana. Die Stiftskirche Colegiata de Santa Juliana zählt zu den bedeutendsten romanischen Bauten Nordspaniens. In der Hauptfassade findet sich eine Skulptur der heiligen Juliana, den Teufel in Ketten zu ihren Füßen. Besonders beeindruckend wirkt der Kreuzgang mit seinen prächtig ausgeschmückten Kapitellen.

Sehenswert ist auch das mittelalterliche Zentrum von Santillana del Mar: So gut wie keine Autos stören einen Bummel durch die Kopfsteinpflastergassen. Vorbei geht es an gut erhaltenen Fachwerkhäusern, Herrensitzen und Palästen – geschmückt mit Familienwappen und Balkonen voller Blumen. Die beiden ältesten Profanbauten sind der Torre de Merino am Hauptplatz und der Torre de Don Borja.

Sixtinische Kapelle der Steinzeitkunst

Zwei Kilometer südlich des Orts verbirgt sich einer der größten Schätze Kantabriens: die Cueva de Altamira. Sie war die erste Höhle überhaupt, in der Malereien aus der Steinzeit entdeckt wurden. Das war im 19. Jahrhundert. Rund 260 Felszeichnungen finden sich in der 5500 Quadratmeter großen Höhle. Der »Saal der Farben« mit Bisons, Pferden, Hirschen, Händen und abstrakten Zeichen in Ockerfarben und Schwarz gilt als »Sixtinische Kapelle der Steinzeitkunst«. Die größten Zeichnungen sind bis zu zwei Meter lang. Gemalt wurden sie vor 13 000 bis 36 000 Jahren. Seit 1985 gehört die Cueva de Altamira zum UNESCO-Weltkulturerbe – 2008 wurde dieser Eintrag um eine Reihe weiterer Höhlen mit altsteinzeitlicher Malerei in Nordspanien ergänzt. Da die vielen Besucher bzw. deren Atemluft im Laufe der Jahre den prähistorischen Kunstwerken schadeten, dürfen heute nur noch fünf Erwachsene pro Woche für kurze Zeit in die Höhle – mit Overall, Maske und Führer. Es gibt aber drei originalgetreue Abbildungen: eine im Deutschen Museum in München, eine im spanischen Nationalmuseum für Archäologie in Madrid und seit 2001 eine dritte in direkter Nachbarschaft zur Höhle von Altamira.

← In der Stiftskirche werden noch immer die Reliquien der heiligen Juliana aufbewahrt.
↓ Paradores sind staatliche Hotels, die in z. T. spektakulären Häusern untergebracht sind.

INFO

FÜRSTLICH SCHLAFEN

Wer schon immer einmal wie die oberen Zehntausend nächtigen wollte, kann das in einem der ehemaligen Herrenhäuser in Santillana del Mar tun. Einige von ihnen sind heute Vier-Sterne-Hotels. Direkt am Hauptplatz liegt der Parador de Santillana Gil Blas. Das ehemalige Adelshaus der Familie Barreda-Bracho stammt aus dem 17./18. Jahrhundert, benannt wurde es nach der Hauptfigur aus Alain-René Lesages gleichnamigem Roman. Gerade einmal 28 Zimmer gibt es im Gil Blas – entweder mit Blick auf den Platz oder den Garten. Ausgestattet sind die komfortablen Räume im klassisch kantabrischen Flair mit antiken Holzmöbeln und Kunstwerken. Im dazugehörigen Restaurant serviert man regionaltypische Gerichte wie Tortilla, kantabrischen Käse oder den deftigen Eintopf. Der *Caldo galego*, die »galicische Brühe«, wird aus Kohl, Rüben, weißen Bohnen, Kartoffeln und Speck zubereitet.

WEITERE INFORMATIONEN

santillanadelmarturismo.com
santillana-del-mar.com
deutsches-museum.de

11

SANTANDER – PERLE DES KANTABRISCHEN MEERES

URLAUBSDOMIZIL DES ADELS

Liebevoll wird sie »Braut des Meeres« genannt: Santander, die Hauptstadt Kantabriens an der nordspanischen Küste. Eingerahmt von weißen Sandstränden, dem Meer und grünen Bergen, war Santander ab Mitte des 19. bis ins frühe 20. Jahrhundert das Urlaubsziel der spanischen Königsfamilie.

Heute kaum vorstellbar, aber früher wirkten Strand und Wasser eher abschreckend auf die Menschen. Das änderte sich ab Mitte des 19. Jahrhunderts, als Ärzte zunehmend Salzbäder und Meerluft empfahlen. Im Jahr 1861 wurde Königin Isabella II. dabei gesichtet, wie sie in Santander am Strand von Sardinero ein Heilbad nahm – und auf einmal wollten alle. Die royale Familie etablierte Sommerferien am Meer. Santander, die Stadt an der Atlantikküste mit der weit ins Land hineinreichenden Bucht, wurde das bevorzugte Ziel.

Königlicher Sommerpalast

Auf der Halbinsel La Magdalena ließ die Stadt eine Sommerresidenz für die Königsfamilie errichten, den Palacio Real de la Magdalena. Das Schloss vereint Elemente des englischen und des französischen Neoklassismus. Es gibt zwei Eingangsbereiche: im Norden für die Kutschen mit Portikus, im Süden der Haupteingang mit Freitreppe und zwei achteckigen Türmen. Der Palacio Real steht auf einem Hügel, dadurch hatten König Alfonso XIII. und Königin Victoria Eugénie freien Ausblick auf Küste und Meer. La Magdalena erinnerte die Königin mit den grünen Klippen an ihre britische Heimat. Im Gegensatz zum strengen Hofprotokoll in Madrid konnten die Royals hier ein normales Familienleben führen. Zwischen 1913 und 1930 verbrachten sie jeden Sommer in Santander und regierten auch von hier aus. Die Hauptstädter folgten dem König an die Kantabrische Küste, und Santander wurde die begehrteste Stadt Spaniens. 18 Jahre lang herrschte ein goldenes Zeitalter. Ein ganzer Stadtteil, El Sardinero, entstand – mit prunkvollen Gebäuden im Jugendstil, neugotischen Luxushotels, Sportclubs und Badeanlagen. Ein majestätisches Gebäude, das alles zu überragen scheint, ist das Gran Casino aus dem Jahr 1916.

Mit der Zweiten Republik verlor das Königshaus seinen Sommerpalast. Er wurde Sitz der Internationalen Sommeruniversität, Krankenhaus, Kriegsgefangenenlager. Seit 1977 gehört der Palacio der Stadt, die ihn Mitte der 1990er-Jahre renovieren ließ. Heute finden hier Veranstaltungen statt, und noch immer lernen in der Sommeruniversität Menéndez Pelayo Studierende aus aller Welt Spanisch.

Die Auferstehung Santanders

Die Halbinsel ist heute die wichtigste Sehenswürdigkeit von Santander: mit dem Palast und den Parkanlagen, einem Mini-Zoo direkt am Meer mit Seehunden, Pinguinen und Seelöwen sowie mit drei echten Karavellen. Die hat ein See-

← Die Sommeruniversität ist nach dem Schriftsteller Marcelino Menéndez Pelayo benannt. Er war auch Motiv auf Briefmarken und Geldscheinen.

← Direkt am Wasser stehen die Raqueros-Statuen: Es sind vier nach Geld tauchende Kinder.
↙ Eine Auswahl an frischem Fisch und Meeresfrüchten bekommt man im Mercado de la Esperanza.
↘ An den Stränden von Santander entwickelte sich Mitte des 19. Jahrhunderts der Badetourismus.

mann der Stadt vermacht. Am südöstlichsten Zipfel der Halbinsel steht der Leuchtturm Faro de la Cerda aus dem 19. Jahrhundert. Ansonsten gibt es in Santander kaum historische Sehenswürdigkeiten. Der Grund ist ein Großbrand, der 1941 die Altstadt fast vollständig zerstörte. Danach wurde die Plaza Porticada als neues Zentrum angelegt. Nicht weit entfernt befindet sich das Rathaus, es steht an der Stelle eines ehemaligen Franziskanerklosters und stammt ursprünglich aus den Anfängen des 20. Jahrhunderts. Auch die Kathedrale von Santander, die Nuestra Señora de la Asunción, wurde durch den Brand zerstört und musste rekonstruiert werden. Sie besteht aus zwei übereinander liegenden gotischen Kirchen. Sie wurde im 13. bis 14. Jahrhundert errichtet, im 15. Jahrhundert kam der gotische Kreuzgang hinzu. In den 1980er-Jahren fanden archäologische Ausgrabungen in der Kathedrale statt. Dabei wurde eine römische Therme gefunden – durch eine Glasabdeckung sind die Überreste zu bestaunen.

Über die Gartenanlage Jardines de Pereda mit ihren Magnolien und Zedern gelangt man direkt ans Meer. Dort steht seit 2017 das futuristische Kulturzentrum Centro Botín, eines der weltweit führenden Museen für moderne Kunst. Ein bisschen sieht es aus wie eine Raumstation. Entworfen hat es der italienische Architekt Renzo Piano, ein Pritzker-Architekturpreisträger. Hauptattraktionen der Stadt sind aber die traumhaften Strände mit ihrem feinen, hellen Sand und dem glasklaren Wasser, in das man sofort eintauchen möchte. Der schönste und bekannteste ist die einen Kilometer lange Playa de Sardinero. Vielleicht etwas leerer, aber nicht weniger beliebt ist die Playa de los Peligros im Nordosten der Stadt. Zu den ruhigeren Stränden auf der anderen Seite der Bucht, nach Pedreña oder Somos, fahren im Sommer Boote. Für Surfer lohnen sich die Playa de Somo und Playa del Puntal.

Berge und Dünenlandschaft

Südlich der Bucht von Santander befindet sich der Naturpark Peña Cabarga mit seinem rund 570 Meter hohen Gipfel Pico Llen. Von hier aus hat man einen atemberaubenden Blick über die Stadt, die Küste und das Hinterland. Das rund 2600 Hektar große Gebiet ist seit 1989 geschützt. Zu Füßen der Berglandschaft befindet sich der Parque de la Naturaleza de Cabárceno, eine Art Tierpark. In riesigen Gehegen auf insgesamt 750 Hektar leben 120 Arten wie Gorillas, Elefanten, Nashörner, Giraffen und Bären.

Westlich von Santander, an der Mündung des Flusses Pas, liegen die Dünen von Liencres. Mit 195 Hektar sind sie der größte Dünengürtel der Gegend und wurden 1986 zum Naturschutzgebiet erklärt. Vom Parkplatz aus führt ein sechs Kilometer langer Rundweg durch den Naturpark – entlang der Steilküste und durch den Pinienwald, der die Bewegung der Wanderdüne aufhalten soll. Direkt am Parkplatz liegen aber auch die beiden dazugehörenden Strände, die Playa de Valdearenas und der Surfer-Beach Canallave.

INFO

STERNE ÜBER KANTABRIEN

Auch kulinarisch haben Santander und sein Umland einiges zu bieten: Zehn Minuten entfernt, in Puente Acre, liegt das Restaurant El Nuevo Molino, prämiert mit einem Michelin-Stern. Untergebracht ist es in einer Wassermühle aus dem 18. Jahrhundert. Bereits ab 1970 bestand hier das bekannte Restaurant von Víctor Merino. Das jetzige wurde 2004 unter Chefkoch Jose Antonio Gonzales neu eröffnet und 2008 zum ersten Mal mit einem Michelin-Stern ausgezeichnet. Der Guide Michelin urteilt: »eine Küche voller Finesse«. Er legt Wert auf lokale und saisonale Produkte. Mit gleich drei Sternen kann das Cenador de Amós in Villaverde de Pontones aufwarten. 1993 in einem Palast aus dem 18. Jahrhundert eröffnet, gab es 1995 den ersten Stern für Jesús Sánchez. Auf die anderen beiden musste er bis 2016 und 2020 warten. Das Urteil: »eine einzigartige Küche«. Zudem bekam das Restaurant den Grünen Stern für Nachhaltigkeit verliehen. Seine Küche hält das Gleichgewicht zwischen pflanzlichen und tierischen Produkten.

WEITERE INFORMATIONEN

turismo.santander.es
palaciomagdalena.com
cantabriarural.com
parquedecabarceno.com
cenadordeamos.com
elnuevomolino.es

Frische Meeresfrüchte, wie Muscheln in Wermutsauce, stehen hier auf fast jeder Speisekarte.

Eines der »Nationalgerichte« Spaniens: Pinchos bzw. Tapas. Oftmals bekommt man sie in den Bars zum Getränk dazu, wie hier in Santander.

12

BILBAO – VOM SCHMUDDELKIND ZUM SCHÖNEN SCHWAN

GLANZ UND GLAMOUR DER BASKEN

Längst hat sich Bilbao vom Industriestandort zum angesagten Kultur-Hotspot des Baskenlands entwickelt. Nachdem Ende der 1990er-Jahre das Guggenheim Museum eröffnete, mauserte sich die Stadt zu einem beliebten Ziel für Touristen aus aller Welt.

Seit Frank O. Gehry das Museum ans Ufer des Nervión setzte, hat die Stadt sich verändert. Einst war Bilbao vor allem Wirtschaftsmotor des Landes, eine industriell geprägte Stadt. Doch mit der Grundsteinlegung des modernen Gebäudes im Herzen Bilbaos begann die Verwandlung. Wo früher graue Fabrikgebäude standen, zieren nun Parks und bunte Kunstwerke eine hübsche Promenade am Flussufer. Mit dem Guggenheim ist kein gewöhnliches Kunstmuseum nach Bilbao gezogen. Das glitzernde Gebäude erinnert trotz der dekonstruktivistischen Form an den Rumpf eines Schiffs. Statt klassischer Gemälde findet man hier Installationen, Videokunst und zeitgenössische Projekte von Künstlern aus aller Welt. Zu den bekanntesten Werken zählen die überdimensionierte Spinne »Maman« von Louise Bourgeois und natürlich »Puppy«, Jeff Koons blumenbesetzter Hundewelpe im Großformat.

Straßenfeste und schwebende Brücken

In der Altstadt, Casco Viejo, tobt das Leben, ganz besonders zur Aste Nagusia, dem wichtigsten Fest Bilbaos, das jedes Jahr gegen Ende August gefeiert wird. Es dauert neun Tage lang. Die Basken nennen die Altstadt *Zazpi Kaleak*, was so viel bedeutet wie »sieben Straßen«, denn größer ist das historische Herz Bilbaos nicht. Rund um die Kathedrale winden sich enge Gassen mit vielen Bars, kleinen Läden und der Markthalle Mercado de la Ribera.

Auf seinem Weg durch die Stadt bis zur Mündung überqueren zahlreiche Brücken den Nervión. In die Altstadt und zum Teatro Arriego gelangt man über die Puente del Arenal. Neben dem glitzernden Bau des Guggenheim Museums erhebt sich die bunte Puente La Salve mit ihren ungewöhnlich geformten Pfeilern und Türmen. Die Fußgängerbrücke Zubizuri des Architekten Santiago Calatrava wurde fast gleichzeitig mit dem Guggenheim Museum errichtet und gilt als ein Symbol der Stadterneuerung. Die bekannteste Brücke der Stadt ist jedoch die Puente colgante. Dabei ist diese Brücke gar keine Hängebrücke, sondern eine Schwebefähre. 2006 wurde das erstaunliche Bauwerk, das Portugalete und Getxo, zwei an der Küste liegende Vororte Bilbaos, miteinander verbindet, in die Liste der Weltkulturerbestätten der UNESCO aufgenommen. Ende des 19. Jahrhunderts von Alberto Palacio, einem Schüler Gustave Eiffels, entworfen, ermöglichte die ungewöhnliche Konstruktion die Überquerung der Flussmündung, ohne den Schiffsverkehr zu behindern. Seit 1999 führt oberhalb der Schwebebrücke auch ein Panoramafußweg ans andere Ufer.

INFO

STAR(C)KE BEGEGNUNGSSTÄTTE

Ein echter Geheimtipp ist das Kulturzentrum Azkuna Zentroa. In einem Jugendstilgebäude, das der französische Architekt Philippe Starck zu einer modernen Begegnungsstätte für Kunst, Kultur und Freizeit umgestaltete, sind regelmäßig verschiedene Ausstellungen zu sehen. Es gibt Veranstaltungsräume, eine Bibliothek, Restaurants und ein Schwimmbad. In der unteren Halle stehend kann man beim Blick nach oben die Füße der Schwimmenden sehen. Hingucker sind auch die 43 bunt gestalteten Säulen des Italieners Lorenzo Baraldi. Jede Säule erzählt eine ganz eigene Geschichte.

WEITERE INFORMATIONEN

Kulturzentrum, azkunazentroa.eus/en
puente-colgante.com
Museo Guggenheim, guggenheim-bilbao.eus
Baskenland, bizkaikoa.bizkaia.eus
Aste Nagusia, die »große Woche von Bilbao«, heißt das Volksfest, bei dem nicht nur die Pappmascheefiguren enorme Ausmaße haben. Die Protagonistin des Fests, La Marijaia, ist leicht zu erkennen: Sie streckt unablässig die Arme in die Höhe.

↖ Das glitzernde Guggenheim Museum hat Bilbao nachhaltig verändert.
↑ Los Gigantes, tanzende Riesen, bei der Aste Nagusia, dem großen Volksfest Bilbaos

13

VITORIA-GASTEIZ – DIE BEMALTE STADT

WÄNDE, DIE GESCHICHTEN ERZÄHLEN

Überdimensionale Bilder schmücken Hauswände und Mauern der baskischen Hauptstadt. In einem Nachbarschaftsprojekt in der historischen Altstadt mischt sich Moderne Kunst mit sozialem Engagement und der Geschichte der Stadt.

Bei einem Bummel durch die Altstadt geht es über Kopfsteinpflaster zu mittelalterlichen Palästen, Plätzen und Kirchen. El Portalon heißt eines der Fachwerkhäuser, die auf eine uralte Geschichte zurückblicken. Dort wo der im 15. Jahrhundert reisende Händler übernachtete, befindet sich heute ein Restaurant. Nur wenige Schritte weiter erhebt sich ein prachtvoller Renaissancebau, das Kulturzentrum Montehermoso Kulturunea. Besonders sehenswert ist das ehemalige Wasserdepot, das sich unterhalb des Gebäudekomplexes erstreckt. Am südlichen Ende des mandelförmigen Altstadtkerns, an der Plaza del Machete, wird in einer Nische der Außenwand der Iglesia de San Miguel eine Machete aufbewahrt. Im Mittelalter mussten die Verantwortlichen der Gemeinde auf diese Machete schwören, die Menschen zu verteidigen und ihre Rechte und Freiheiten zu schützen. Wenn sie ihren Eid brachen, wurde ihnen mit ebendieser Klinge der Kopf abgeschlagen.

Plakative Botschaften

Um das kulturelle Engagement und den sozialen Zusammenhalt in den Stadtvierteln zu fördern, schufen lokale Künstler und Einwohner das gemeinsame Projekt Itinerario Muralístico de Vitoria-Gasteiz: Riesige Wandbilder sollten Geschichten des Viertels erzählen. Bisher entstanden im Rahmen dieser Aktion 16 *Murales*. Das erste Wandbild nennt sich »Am Faden der Zeit« und erinnert an den Markt für Stoffe und Textilien, der einst auf diesem Platz stattfand. Ein anderes Wandbild ist dem Mittsommernachtsfest San Juan und seinen Feuerwerken gewidmet. Das »Licht der Hoffnung« zeigt eine Frau mittleren Alters und eine Waage im Gleichgewicht. Ein Bild, das die ungleichen Chancen der Geschlechter kritisiert. Der Nichtgleichbehandlung in Bildung, Beruf und vor dem Gesetz stellt es eine hoffnungsvollere Zukunft gegenüber.

Der moderne Würfelbau Artium beherbergt Werke zeitgenössischer baskischer und spanischer Künstler. Bekannte Namen wie Joan Miró, Eduardo Chillida, Salvador Dalí, Óscar Domínguez, Jaume Plensa, Pablo Picasso, Antoni Tàpies oder Joan Brossa sind hier vertreten. Das Gebäude selbst erinnert an einen Weinkeller, denn Dreiviertel des ungewöhnlichen Baus befinden sich unter dem Straßenniveau. 2002 wurde das originelle Kunstmuseum nach dem Entwurf des Architekten José Luis Catón eröffnet. Im Eingangsbereich begrüßen ein riesiges Wandbild, eine Gemeinschaftsarbeit von Joan Miró und Josep Llorens i Artigas, sowie eine schwebende Halbkugel von Javier Pérez die Besucher.

↙ Manche Hauswände der Hauptstadt geben den Betrachtern Rätsel auf.
↓ Ein Dach schlägt Wellen: Santiago Calatravas Bodegas Ysios

INFO

KUNST IN DER LANDSCHAFT

Auf dem Weingut Ysios in der Nähe von Laguardia verbinden sich Tradition und Moderne. Neben den köstlichen Rotweinen, die allein schon einen Verkostungsbesuch wert sind, ist vor allem das Hauptgebäude des Weinguts ungewöhnlich. Die von Santiago Calatrava entworfene Bodega Ysios zählt zu den modernen Weinkathedralen des Landes.
Ein weiterer architektonischer Hingucker ist die »Stadt der Weine« von Marqués de Riscal im Örtchen Elciego. Zu diesem gewagten Kunstwerk inmitten grüner Weinberge gehören neben dem alten Weinkeller von 1860 auch ein modernes Luxushotel mit Spa und Restaurant. Der von Frank O. Gehry entworfene Bau platziert fröhliche Farben und gewagte Formen zwischen die grünen Felder und mittelalterlichen Gebäude des Dorfs.

WEITERE INFORMATIONEN

Murales, muralismopublico.com
artium.eus
restauranteelportalon.com
Weingut: Bodegas Ysios, La Hoya Bidea, s/n, 01300 Araba, bodegasysios.com/en

14

SAN SEBASTIÁN – WILLKOMMEN IM BASKENLAND

KÜSTE, KUNST UND KULINARIK

Kreativ geht es in San Sebastián garantiert nicht nur im Museum zu. Auch in den Grünanlagen, am Meer, in der Natur und sogar auf dem Teller zeigt der kleine Küstenort Mut zur Moderne. Zeitgenössische Kunst hat einen festen Platz in Donostia, so der einheimische Name der heimlichen Hauptstadt der Basken.

Zwischen dem Hafen und der Flussmündung des Urumea erstreckt sich die Altstadt San Sebastiáns. Zu Füßen des Monte Urgull reihen sich kleine Geschäfte, Restaurants und zahlreiche Pinxo-Bars aneinander. Auch das Museo San Telmo und die Plaza de la Constitución liegen in dem belebten Viertel. Die Zahlen über den Fenstern der prachtvollen Bauten erinnern an die Zeit, als auf dem zentralen Platz noch Stierkämpfe stattfanden. Diese Fensterplätze, von denen aus man einen guten und sicheren Blick auf das Spektakel hatte, wurden ehedem vermietet. Nur zehn Minuten Fußweg vom Platz entfernt, erhebt sich die neogotische Kathedrale San Sebastiáns. Über dem Eingangsportal des erst 1897 geweihten Gotteshauses, für das der Kölner Dom als Vorbild gedient haben soll, hängt das steinerne Kreuz des Friedens von Eduardo Chillida.

Anspruchsvolle Ausflüge

Grüne Hügel und moderne Kunstwerke schmiegen sich zu beiden Seiten an die Bahia de la Concha. Unweit des kleinen Platzes, von dem aus die Standseilbahn zu einem Aussichtspunkt auf den Monte Igueldo hinauffährt, liegt der »Peine del viento«, eine tonnenschwere Skulptur Chillidas. Wind und Wellen trotzend, krallt sich das aus massivem Eisen gefertigte Kunstwerk geradezu an die Felsen. Auch auf der gegenüberliegenden Seite der Bucht muss sich die Kunst dem wilden Anströmen des Atlantiks erwehren. Bei einem Spaziergang auf den Monte Urgull kann man auf der Promenade ein Werk des Bildhauers Jorge Oteiza bestaunen. Vorbei an einer historischen Festung und dem geheimnisvollen Friedhof der Engländer geht es den Berg hinauf. Oben angekommen, steht man vor einer Burg, in der sich ein kleines Museum befindet. Auf dem Castillo de la Mota thront eine zwölf Meter hohe Christusstatue, die vom höchsten Punkt des Monte Urgull aus die Bucht überblickt.

Inmitten der muschelförmigen Bucht liegt die Insel Santa Clara. Von der Playa de Ondarreta aus setzen regelmäßig Boote zu dem Eiland über. Neben einem Rundwanderweg erwartet ein hübscher kleiner Badestrand mit kristallklarem Wasser die Gäste vom Festland. Im 16. Jahrhundert wurden in der Inselkapelle die an Pest erkrankten Menschen isoliert. An Stelle der einstigen Ermita Santa Clara ragt heute der Leuchtturm auf. In der Casa del Faro kann man das Werk der Künstlerin Cristina Iglesias bewundern. Mit ihrem Projekt »Hondalea« will die Baskin den Besuch der Insel zu einer Begegnung machen, bei der die Menschen die Kraft der Natur erleben können.

INFO

ZWISCHEN EINFACH UND EXQUISIT

Für Feinschmecker der ganzen Welt ist die baskische Küche längst eine feste Größe. Die Dichte der Michelinsterne ist hoch im Baskenland. Allein in San Sebastián haben 24 Restaurants Einzug in den aktuellen Gourmetguide gefunden. Aber auch die Pinxo-Bars machen der Stadt alle Ehre. Mit regionalen Produkten der Jahreszeit schaffen die Köche und Köchinnen immer neue, kreative Gaumenfreuden. In San Sebastián serviert man Pinxos als kleine Kunstwerke. Der Name der Appetithäppchen stammt übrigens von dem Verb *pinxar*, das üblicherweise für den Gebrauch von Holzstäbchen verwendet wird, die den Belag auf einem Stück Brot fixieren.

WEITERE INFORMATIONEN

www.sansebastianturismoa.eus/en
San Telmo Museum, Plaza Zuloaga 1,
20003 Donostia-San Sebastián
La Casa del Faro,
artingenium.com/es/casa-del-faro
Mehr moderne Skulpturen gibt es im Chillida Leku Museum in Hernani vor den Toren der Stadt zu sehen, museochillidaleku.com

↖ Blick auf die Insel Santa Clara in der Bucht vor Donostia
↑ Exquisite Leckerbissen der baskischen Küche

ULLOA
HOTEL YOLDI
NEVADA
SNACK BAR

15

PAMPLONA – DIE PERLE NAVARRAS

WILDE STIERE UND GEZÄHMTE MÄNNER

Jahrhunderte lang war Pamplona die Hauptstadt des kleinen Königreichs in den Pyrenäen. Seit Hemingway die Fiesta de Sanfermines entdeckte, verbinden viele Menschen die Stadt mit dem berühmten Lauf der Stiere. Dabei blickt Pamplona auf eine lange, spannende Geschichte zurück.

Jedes Jahr am 6. Juli versammelt sich eine Menschenmenge vor dem Rathaus von Pamplona. Tausende wollen dabei sein, wenn Punkt 12 Uhr der Startschuss zur Fiesta de San Fermín fällt. Für die Einheimischen ist der traditionelle Stierlauf der Höhepunkt des Jahres. Ganz in Weiß gekleidet, schwenken sie in freudiger Erwartung des *Chupinzaos,* des lauten Knalls, der die *Sanfermines* einläutet, ihre roten Halstücher. Erst mit dem Anstimmen des *Pobre de mí* am 15. Juli endet die Feier an eben dieser Stelle. Das Rathaus steht an einem bedeutsamen Ort. Auf dem Hügel neben dem Arga-Fluss vereinten sich 1423 die *Burgos* zur Stadt Pamplona. In der Mitte der drei ursprünglich eigenständigen Orte ließ Carlos der Edelmütige das erste gemeinsame Rathaus errichten. 1752 löste der Bau der Casa Consistorial das Rathaus ab. Von dem prachtvollen Palast blieb nur die barocke Fassade erhalten. Der Rest des Gebäudes wurde Mitte des 20. Jahrhunderts erneuert.

Pilger beleben den Handel

Bis heute betreten Pilger Pamplona über die Puente de la Magdalena. An der Kathedrale vorbei führt der Jakobsweg sie quer durch die Stadt zur Zitadelle, wo die gelben Jakobsmuscheln den Weg in Richtung Puente de la Reina weisen. Die Brücke spannt sich 110 Meter über den Fluss Arga. Schon im frühen Mittelalter hatte Karl der Große die Spanische Mark als Schutzwall gegen ein Vordringen der Mauren eingerichtet. Der Bau von Klöstern, Wachtürmen und Siedlungen entlang dieser Grenzzone sollte weitere Vorstöße muslimischer Truppen verhindern. Dank der Pilgerroute, die quer durch diese *Marca Hispanica* nach Santiago de Compostela führte, erblühte der Handel in den Orten am Wegesrand. Im Mittelalter kreuzten sich in Pamplona Handelsrouten von Ost nach West, aber auch von Nord nach Süd. Das Königreich Navarra erstreckte sich bis ins 11. Jahrhundert auf beiden Seiten der Pyrenäen. Dank der Einkünfte durch die Pilger, durch Handelszölle und eine geschickte Heiratspolitik seiner Herrscher konnte Navarra seine Unabhängigkeit lange Zeit bewahren.

← Auch zu den Sanfermines gehört eine Parade der Giganten. Ganz Pamplona kleidet sich weiß-rot zum Fest.

Leerstelle mit neuem Sinn

Doch das prosperierende kleine Reich war begehrt und umkämpft. Immer wieder versuchten die benachbarten Königreiche von Frankreich, Kastilien und Aragón, Pamplona zu erobern. Schließlich gelang es Fernando dem Katholischen, seinem stetig wachsenden Reich auch Navarra einzuverleiben. Im 16. Jahrhundert ließ Felipe II. eine mächtige Burg mit fünf Bastionen errichten, um die Stadt gegen künftige

Angriffe zu schützen. Die besten Festungsbaumeister ihrer Zeit arbeiteten an dem ausgeklügelten Verteidigungssystem. Mit modernster Technik entstand ein Kastell, das uneinnehmbar schien – bis die neuesten Belagerungswaffen die mächtigen Verteidigungsmauern obsolet machten.

Vor 1939 leitete man die Fiesta de Sanfermín nicht am Rathaus, sondern auf der Plaza del Castillo, dem Herzen der Stadt, ein. Die Burg, nach der der Platz benannt ist, wurde schon vor vielen Jahrhunderten abgerissen. Lange Zeit war die frei gewordene Fläche ein Niemandsland, ein neutraler Platz zwischen drei zerstrittenen Stadtteilen. Ideal also, um hier Stierkämpfe und Turniere zu veranstalten. Heute begegnet man sich auf der Plaza del Castillo bei einem abendlichen Bummel durch die Stadt. Fast täglich erklingt Musik, moderne und traditionelle Melodien werden gespielt, und manchmal tanzen die Menschen sogar dazu.

Hemingway in Pamplona

Kurz vor Ausbruch des Spanischen Bürgerkriegs kam ein junger amerikanischer Journalist nach Pamplona. Schon bei seinem ersten Besuch war Ernest Hemingway begeistert von der Stadt und den Menschen. Während er anfangs noch mit seiner Frau anreiste, kam Hemingway später allein zu den *Sanfermines*. Neunmal feierte der Amerikaner ausgiebig mit seinen navarrischen Freunden das mehrere Tage und Nächte andauernde Fest. Die Einheimischen liebten den Schriftsteller, weil er sich als einer von ihnen gab. Seine Erlebnisse in Pamplona inspirierten Hemingway zu seinem ersten großen Roman »The sun also rises«, auf Deutsch »Fiesta«, der 1926 veröffentlicht wurde. Im Spanischen Bürgerkrieg stand Hemingway aktiv aufseiten der Republikaner, was ihm unter der Regierung Franco die Zensur seiner Bücher einbrachte.

An einer Seite der Plaza del Castillo befindet sich das 1888 gegründete Café Iruña, in dem sich heute wie vor hundert Jahren die Einheimischen treffen. Auch Hemingway soll während seiner zahlreichen Aufenthalte in Pamplona regelmäßiger Gast des Iruña gewesen sein und hier seine Erinnerungen und Gedanken in einem Tagebuch festgehalten haben. Im oberen Stockwerk des Cafés befindet sich ein *Txoko,* eine Art traditioneller Herrenclub. Dort trafen sich früher ausschließlich Männer, um gemeinsam zu kochen und zu essen. Angeblich sind diese Vereinigungen darauf zurückzuführen, dass die traditionelle baskische Gesellschaft matriarchalisch geprägt gewesen sei. Da die Männer oft wochenlang die Schaf- oder Ziegenherden auf die Weiden begleiteten, waren die Frauen allein für Haus und Hof verantwortlich. Sie mussten in der Lage sein, ihr Heim im Notfall zu verteidigen, denn die Männer kamen meist nur kurz nach Hause. Dort gab es für sie auch nicht viel zu tun. Also trafen sie sich in den *Txoko* mit ihren Geschlechtsgenossen und verbrachten die Zeit, bis sie wieder auf die Weiden zogen. Heute ist der Zutritt zu diesen Clubs allen gestattet.

↗ Das traditionelle Café Iruña hat bis heute nichts von seinem Charme eingebüßt.
↖ Skulpturen auf dem Jakobsweg am Alto del Perdon, dem »Pass der Läuterung« auf 750 Metern
← Die Plaza del Castillo gilt als Wohnzimmer der Stadt. Ziemlich groß jedoch mit 14 000 Quadratmetern

INFO

MARKANTE ZIELE

Nur eine halbe Autostunde von Pamplona entfernt, zerreißen tiefe Schluchten die Landschaft. Gänsegeier schweben hoch oben in den Lüften zu ihren Nestern. Viele tausend Jahre hat es gedauert, bis der Rio Salazar sich durch das massive Gestein gegraben und die Schlucht von Arbayún erschaffen hat. Über sechs Kilometer zieht sich der beeindruckende Canyon, in dessen Mitte der Fluss plätschert. Zu einer anderen eindrucksvollen Schlucht, der Foz de Lumbier, gelangt man durch einen stillgelegten Eisenbahntunnel. Sobald man nach ein paar hundert Metern wieder im Tageslicht steht, ragen zu beiden Seiten steile Felswände auf.

WEITERE INFORMATIONEN

Geschichte der Festung,
murallasdepamplona.com
Kathedrale Santa Maria,
catedraldepamplona.com
Café Iruña, cafeiruna.com
Allgemeine Infos,
turismo.navarra.es
Übernachtungstipp:
Heredad Beragu Hotel
Calle el Abrigo, 12
31493 Gallipienzo viejo,
heredadberaguhotel.com
Gallipienzo Viejo ist eines der alten Wehrdörfer, an der ehemaligen Grenze zum maurischen Reich. Hier haben Patxi und Ramón liebevoll ein kleines Hotel eingerichtet.

Eine der schönsten Schluchten im Valle de Roncal ist der rund sechs Kilometer lange Canyon von Arbaiún.

16

OLITE – MÄRCHENPALAST IM SÜDEN NAVARRAS

DAS SCHLOSS DES GUTEN KÖNIGS

Zwischen dem 14. und 15. Jahrhundert baute König Carlos der Edelmütige die einfache Festung Olites aus und schuf einen prachtvollen Palast. Unter seiner Herrschaft wurde die kleine Stadt mit dem prunkvollen Schloss zur Residenz der Könige von Navarra.

Kurz vor Sonnenuntergang, wenn der Palacio Real in warmes Licht getaucht ist, wirkt er mit seinen Türmen und mächtigen Mauern wie einem Märchen entsprungen. Der Anblick des Königspalasts erinnert an die Geschichten verzauberter Prinzessinnen. Rapunzel könnte aus dem Fenster des Turms blicken, Dornröschen in tiefen Schlaf versunken sein. Es würde einfach passen. Carlos der Edelmütige, im 15. Jahrhundert König von Navarra, hatte in Olite die wehrhafte Festung zu einem eleganten Schloss umbauen und mit allem seinerzeit nur erdenklichen Luxus versehen lassen. Dank eines ausgeklügelten Rohrleitungssystems wurden die Wände geheizt, ein Kühlschrank funktionierte mit Schnee und Eis, und es gab fließendes warmes Wasser. Im Gegensatz zu seinem Vater, Carlos dem Bösen, war Carlos der Edelmütige ein Bewunderer der schönen Künste. Er liebte die Literatur und ließ prachtvolle Paläste errichten. Den romantischen Vorstellungen des Königs und dem wechselhaften Stand seines Vermögens verdankt der Palacio Real sein unsymmetrisches Erscheinungsbild. Aufgrund der wiederholten Um- und Anbauten wirkt der märchenhafte Palast mit seinen vielen Treppen, verwinkelten Ebenen, den Türmchen und versteckten Gärten wie ein Labyrinth. Von dem deutschen Reisenden Sebastian Ilsung ist ein Brief aus dem 15. Jahrhundert über seinen Besuch in Olite erhalten. Darin schreibt er, er sei sicher, dass kein König ein prachtvolleres Schloss mit so vielen goldenen Sälen habe.

Sanftmut siegt

Als Carlos der Edelmütige den Thron bestieg, hatte das Königreich Navarra bereits weite Teile seiner nördlichen Ländereien eingebüßt. Sein Vater, Carlos el Malo, hatte sich nicht nur viele Feinde gemacht, sondern auch die Normandie und den Anspruch auf den französischen Thron verloren. Der hätte seiner Familie eigentlich zugestanden, weil Carlos' Gemahlin Johanna die Tochter des Königs von Frankreich war. Doch nach Querelen mit dem französischen Königshaus musste el Malo diesen Anspruch abtreten. Immer wieder sorgte der Herrscher für Unruhe und Ärger im kleinen Königreich. Erst unter seinem Sohn Carlos III. herrschte endlich Frieden in den Pyrenäen. Dank der ruhigen Hand des jungen Königs blühte Navarra ein letztes Mal auf, ehe es rund hundert Jahre später seine Eigenständigkeit an Kastilien verlor. Der »Prinzessinnenturm«, La Torre Joyosa Guarda, erinnert an diese Blütezeit Navarras und Carlos' romantische Verehrung der Literatur. Der Turm verdankt seinen Namen der Artussage, in der Ritter Lancelot auf der Suche nach dem Heiligen Gral auf eine Burg dieses Namens trifft.

INFO

ZUR OBERFLÄCHE DES MONDES

Bardenas Reales heißt eine Wüste im Nordosten Spaniens. Skurrile Felsformationen aus Lehm und Kalk schaffen eine ganz besondere Landschaft. Karge Felsen und klaffende Abgründe wechseln sich ab. Geier kreisen am Himmel. Bis auf ein paar Schafe lebt niemand mehr in dieser einsamen Gegend, in der sich der Legende nach einst Räuber wie Sanchicorrota, El Rey de las Bardenas, versteckt haben sollen. Eine außergewöhnliche Welt, die man ganz ohne Eintritt zu zahlen erleben kann.

WEITERE INFORMATIONEN

Im Alten Palast beherbergt heute ein Parador Übernachtungsgäste.
Palacio Real de Olite, guiartenavarra.com
Bardenas, bardenasreales.es
Fine-Dining-Tipp:
Restaurante Merindad de Olite,
Calle Rúa Judería, 11
31390 Olite,
restaurantemerindaddeolite.com
Traditionelle Küche, sehr lecker, frisch gekocht und nette Bedienung

← Der Palacio besteht heute aus drei Teilen: Hotel, Kirche und Neuer Palast
↑ Eine der bizarren Felsformationen in den Bardenas Reales ist der Cabezo de Castildetierra.

Umgeben von grüner Landschaft sticht vor allem die prächtige Kathedrale im mittelalterlichen Segovia hervor. Eine Stadt, die verzaubert.

DIE MITTE

Jede Menge Entdeckungen im Land der Burgen und Kirchtürme

17

LEÓN – VON BUNTEN GLASFENSTERN UND GAUDÍ

SCHMUCKSTÜCK DER ROMANIK

Früher war León einmal die Hauptstadt des Königreichs León und damit eine der bedeutendsten christlichen Städte der Iberischen Halbinsel. Ihre Glanzzeiten erlebte sie im Mittelalter als wichtige Station auf dem Jakobsweg. All das hinterließ einen großen architektonischen Schatz.

Es war Ordoño II., der León im 914 zur Hauptstadt des Königreichs León ernannte. Dazu gehörten neben dem heutigen Kastilien-León auch Galicien, Kantabrien, Asturien sowie ein Teil Portugals. Hier entlang führt der bekannteste Jakobsweg, der Camino Francés. Das größte Gebäude der Stadt, der Convento de San Marcos aus dem 12. Jahrhundert, diente früher als Pilgerherberge. Das Kloster des Santiago-Ordens sieht aus wie ein Palast. Die Fassade ist mehr als 100 Meter breit und 300 Meter lang. Das Kloster ist mittlerweile ein Parador-Hotel; auch das Museum der Stadt ist hier untergebracht. Eines der ältesten Gebäude ist die frühromanische Basilika San Isidoro aus dem 10. Jahrhundert mit dem Panteón de los Reyes. Die Königsgruft zieren gut erhaltene Fresken, die Szenen aus dem Alten und Neuen Testament zeigen. Die Malereien brachten der Krypta den Beinamen »Sixtinische Kapelle der Romanik« ein.

Ein weiteres Prunkstück ist die Catedral Santa María de Regla, eine der schönsten frühgotischen Kirchen Spaniens – als Vorbild diente die Kathedrale von Reims. Bekannt ist sie auch als *Pulchra Leonina* (»schöne Leonesin«). Das Westportal mit dem Rosettenfenster rahmen die beiden freistehenden Türme ein. Besonders beeindruckend sind die 125 kunstvollen Buntglasfenster aus dem 13. bis 20. Jahrhundert. Bei Sonnenschein zaubern sie Lichtreflexionen ins Innere der Kathedrale. Die Fenster haben die Architekten Luis Mansilla und Emilio Tuñón zur Fassade des Museums für Zeitgenössische Kunst (MUSAC) inspiriert. Ihre Farben finden sich in der knallbunten Glasfront wieder. Für die Konstruktion gab es 2007 den Mies-van-der-Rohe-Award, den europäischen Preis für zeitgenössische Architektur. Das Innere aus weißem Beton ist eher schlicht gehalten – die Kunst soll im Mittelpunkt stehen.

Gaudí in León

Hier mitten in Kastilien-León findet sich sogar ein echter Gaudí: die Casa de los Botines. Sie ist eines von nur drei Bauwerken des Architekten Antonio Gaudí außerhalb Kataloniens – neben dem Bischofspalast von Astorga und El Capricho in Kantabrien. Die Casa Botines ist ein Geschäfts- und Wohnhaus, das Gaudí 1891 im Auftrag der kastilischen Textilhändler Leóns entwarf. Sein Mäzen, der Industrielle Eusebi Güell, hatte den Kontakt hergestellt. Für den Entwurf seines modernistischen Gebäudes ließ sich Gaudí von der gotischen Kathedrale und dem benachbarten Palacio de los Guzmanes im Stil der Renaissance inspirieren.

INFO

GOLDRAUSCH

Man sieht es den roten Bergspitzen zwischen den Edelkastanien nicht an, aber sie wurden von den Römern geformt. Unterirdische Stollen und Schluchten im Tongestein gehören ebenfalls dazu. Einst war hier ein Berg, bevor die größte und wichtigste Goldmine des Römischen Reichs entstand: Las Médulas, westlich von León. Zwei bis fünf Tonnen des Edelmetalls wurden pro Jahr über zwei Jahrhunderte hinweg abgebaut. Um das Gold freizusetzen, mussten die Römer Bergschächte mit Wasser fluten und diese zum Platzen bringen. Die Bergbautechnik nennt sich *Ruina montium* und beschreibt das Durchlöchern des Bergs durch Überschwemmung. Dazu brauchten die Ingenieure Unmengen an Wasser: Flüsse wurden über Kanäle und Aquädukte hierher umgeleitet. Diese sind noch heute erhalten und werden als Wanderwege genutzt. Diese einzigartige Landschaft gehört zum UNESCO-Weltkulturerbe – den besten Ausblick hat man vom Mirador de Orellán.

WEITERE INFORMATIONEN

musac.es
turismocastillayleon.com

↖ Die »schöne Leonesin«, die Kathedrale, wurde im 12. Jahrhundert errichtet und mehrmals umgebaut von namenhaften Architekten.
↑ Die rötlichen Bergspitzen von Las Médulas

18

ZAMORA – DIE AUGEN DES DUERO

STADT MIT VIELEN QUALITÄTEN

Zamora thront über dem Duero, dem drittgrößten Fluss Spaniens, unweit der portugiesischen Grenze. Kaum ein anderer Ort des Landes hat so viele romanische Kirchen wie diese Stadt. Und doch verirren sich wenige Reisende hierher. Wer nicht kommt, verpasst die Chance auf erstklassigen Schafskäse und Wein.

Für die Römer war Zamora eine wichtige Station auf der Silberstraße, der Via de la Plata. Weil die Stadt vom Felsen herab alles überblickt, auch den Fluss, nannten sie sie *Ocellum Duri,* »Äuglein des Duero«. Den besten Blick auf Zamora hat man von der Puente de los Poetas, der »Dichterbrücke«, westlich der Stadt. Die steinerne Bogenbrücke, Puente de Piedra, führt direkt ins historische Zentrum. Es ist umgeben von wehrhaften Stadtmauern mit drei Toren. Zamora war ein Festungsort an der Grenze zwischen christlichem und maurischem Einflussgebiet. Das spiegelt auch das Castillo de Zamora aus dem 11. Jahrhundert wider – mit seinen dicken Mauern, Bergfried, Tor und Graben. Im Schlosspark Parque del Castillo stehen Skulpturen des Bildhauers Baltasar Lobo (1910–1993).

Wahrzeichen Zamoras ist die romanische Catedral de San Salvador. Markant sind die mit Steinschuppen bedeckte Kuppel im byzantinischen Stil und der mächtige viereckige Turm. Im neoklassizistischen Kreuzgang ist ein kleines Museum untergebracht. Wenn man durch Zamora geht, fällt die Vielzahl an Kirchen auf: insgesamt 22 romanische Gotteshäuser. Die Osterwoche wird hier groß gefeiert; dazu passt das Merlú-Denkmal auf der Plaza Mayor. Es zeigt zwei Personen in Kutten, die ihre Bruderschaft herbeirufen, um an der österlichen Prozession teilzunehmen. Zwischen den ganzen Kirchen verstecken sich das Alte Rathaus und der Renaissancepalast der Grafen von Alba y Aliste – beide mit doppelstöckigen Arkaden.

Käse und Wein D.O.P.

Auch kulinarisch lohnt sich der Zamora-Besuch. Nach der Stadt ist der würzige *Queso Zamorano* D.O.P. benannt. Die Milch für den herzhaften Käse kommt von Schafen der Churra- und der Castellana-Rasse. Ursprünglich wurden die Laibe in Formen aus geflochtenem Esparto-Gras gepresst und erhielten deswegen ein ährenförmiges Muster. Das wird heute künstlich hergestellt. Der Schafskäse muss mindestens 100 Tage in Kellern lagern. Dann ist er innen hell- bis strohgelb und die Rinde gelblich bis dunkel. Um den würzigen Geschmack zu intensivieren, legen einige Erzeuger den Käse in Olivenöl ein. Zu gutem Käse passt guter Wein. Den hat die Stadt Zamora auch zu bieten – unter dem Namen D.O. Tierra del Vino Zamora. Das Weinanbaugebiet mit roten und weißen Rebsorten ist mit 800 Hektar eher klein. Es liegt zwischen Zamora und Salamanca und reicht bis an die Grenze zu Portugal, wo der Duero ins Nachbarland fließt und zum Douro wird.

↙ Über dem Duero und der Stadt thront die romanische Kathedrale aus dem 12. Jahrhundert.
↓ Einer der Strände am Gletschersee Sanabria – inmitten von unberührter Natur

INFO

AB IN DIE EISZEIT

Im Nordwesten der Provinz Zamora befindet sich einer der größten natürlichen Seen Spaniens und der größte Gletschersee der Iberischen Halbinsel: der Lago de Sanabria. 3200 Meter lang und 1600 Meter breit kommt er auf eine Größe von 318 Hektar und ist bis zu 50 Meter tief. Seinen Ursprung nahm er vor 100 000 Jahren in einem Gletscher mit 20 Kilometer langen Eiszungen. Im Sommer ist der See sehr beliebt, man kann Kanu oder Tretboot fahren und sogar schwimmen. Es gibt Strände und Fußwege. 1978 wurde rund um den See der Parque Natural del Lago de Sanabria y Alrededores eingerichtet. Einen Kilometer entfernt liegt das frühere Zisterzienserkloster San Martin de Castañeda, in dem heute das Informationszentrum des Naturparks untergebracht ist. Etwas weiter südlich lädt das mittelalterliche Puebla de Sanabria mit der mächtigen Burg aus dem 15. Jahrhundert auf einen Abstecher ein.

WEITERE INFORMATIONEN

zamora.es
descubresanabria.com
turismocastillayleon.com

19

SALAMANCA – DIE GOLDENE STADT

DIE UNIVERSITÄT UND DER FROSCH

Bekannt ist die Stadt für ihre Schönheit, ihre Universität und die Vielzahl an gut erhaltenen Gebäuden aus allen Stilepochen im historischen Zentrum. Die haben ihr auf die Liste des UNESCO-Weltkulturerbes verholfen. Gleichzeitig ist Salamanca jung und lebendig; 40 000 Studierende prägen das Stadtbild.

Wird es von der Sonne angestrahlt, leuchtet es honigfarben – Salamanca heißt auch die »Goldene Stadt«. Aus gutem Grund: Viele Gebäude im historischen Zentrum bestehen aus »goldenem« Sandstein aus den Steinbrüchen des benachbarten Villamayor, so auch die Universität. Gegründet wurde sie 1218 von König Alfons IX., damit ist sie die älteste bestehende Uni Spaniens. Schnell stieg die Universidad de Salamanca neben Oxford, Paris und Bologna zu einer der wichtigsten Bildungsstätten in Europa auf, einen ausgezeichneten Ruf genießt sie bis heute. Hier musste Christoph Kolumbus einen Vortrag halten, um vom spanischen Königshaus die Unterstützung für seine Entdeckungsreise zu bekommen. Ob er den Frosch in der Fassade des Hauptgebäudes auch entdeckt hat? Sie ist im Stil der spanischen Frührenaissance mit viel Dekor und Skulpturen gestaltet. Darunter versteckt sich das Symbol der Universität: ein Frosch, der auf einem Totenkopf sitzt. Es soll Glück bringen, ihn zu finden! Gleichzeitig steht er als Mahnung gegen die Ausschweifung, die nach dem Tod gesühnt wird. Das Nachtleben der Studierenden Salamancas ist berüchtigt …

Ein Spaziergang durch die Zeit

Bei der Kathedrale handelt es sich um zwei Gotteshäuser, die direkt nebeneinander stehen und verbunden sind: die alte und die neue Kathedrale. Erstere, die Catedral Vieja mit dem prächtigen Torre de Gallo, benannt nach dem Wetterhahn, wurde im 12./13. Jahrhundert errichtet. Sehenswert sind der Hochaltar mit 53 Bildern aus Jesus' Leben und dem Deckenfresko sowie die gotisch ausgemalte Capilla de San Martín. Im 16. Jahrhundert war die Kathedrale zu klein geworden, und man fing an, eine neue zu errichten, die gotische Catedral Nueva. Sie sollte doppelt so groß werden, die Bauarbeiten dauerten bis ins 18. Jahrhundert. Damals mussten auch die wunderschöne Kuppel und der Glockenturm erneuert werden, da das Erdbeben von Lissabon 1755 schwere Schäden hinterlassen hatte. Für einen guten Blick auf die Stadt lohnt es sich, auf den Turm zu steigen. Die Fassade neben der Puerta de Ramos musste im 20. Jahrhundert restauriert werden. Dem Steinmetz wurde dabei freie Hand gelassen. Wenn man genau hinschaut, kann man einen Astronauten und einen Drachen mit einem Kugeleis entdecken.

Wer selbst ein Eis essen möchte, geht am besten zur Plaza Mayor. Es gibt hier Cafés und Bars, es ist immer etwas los. Der bezaubernde Platz im Barockstil gilt als einer der schönsten in Spanien, wenn nicht von ganz Europa. Umge-

→ Die majestätische Plaza Mayor ist der Hauptplatz und ein guter Treffpunkt bei Tag und am Abend. Er entstand nach Plänen von Alberto Churriguera.

ben ist der Hauptplatz von dreistöckigen Gebäuden mit insgesamt 88 Arkaden. Das Rathaus samt seinem Glockenturm und vier Granitbögen sticht hervor. Die Arkaden schmücken Medaillons, auf denen Porträts berühmter Persönlichkeiten zu sehen sind: Miguel de Cervantes, Alfons XI., die heilige Teresa. Der Platz war im Jahr 1729 ein Geschenk von Felipe V., weil Salamanca im Spanischen Erbfolgekrieg auf der Seite der Bourbonen stand.

Von Muscheln und einem Fabergé-Ei

Eines der schönsten Gebäude der Stadt ist die Casa de las Conchas aus dem 15. Jahrhundert, das »Haus der Muscheln«. Fast die komplette Fassade ist mit Jakobsmuscheln aus Sandstein verziert; mehr als 300 sollen es sein. Es geht die Legende um, dass unter einer Muschel ein Schatz verborgen sein soll. Erbauen ließ den Stadtpalast ein Mitglied des Santiago-Ordens. Eine Erklärung für die Verzierung der Fassade könnte sein, dass die Jakobsmuschel für die Pilgerschaft nach Santiago de Compostela steht, eine andere ist, dass die Frau des Hausherrn eine Muschel in ihrem Wappen führte. Heute beherbergt die Casa de las Conchas eine öffentliche Bibliothek. Und es gibt ein weiteres Unikat in Salamanca: die Casa de Lis, ein Jugendstilgebäude mit Buntglasfenstern aus dem Jahr 1905. Sogar der Innenhof ist heute mit einem riesigen Buntglasfenster überdacht. Im Stadtpalast ist passend das Museo de Art Nouveau y Art Déco untergebracht. Rund 2500 Exponate sind zu sehen – von Porzellanpuppen über Möbel und Schmuck bis hin zu einem Fabergé-Ei.

Das magische Salamanca

Gleich neben der Casa liegt einer der romantischsten Orte der Stadt: ein kleiner Park, der Huerto de Calixto y Melibea. In diesem Garten haben sich Melibea und Calisto angeblich das erste Mal getroffen. Sie sind die Hauptfiguren aus dem bekanntesten spanischen Werk, »La Celestina« – das ist der Name der Kupplerin des Paars. In dem ruhigen Garten wachsen Palmen und duftende Blumen, und man hat von hier aus einen tollen Blick auf die Kathedrale.

Ein magischer Ort der Stadt liegt gleich um die Ecke, gut versteckt in der Cuesta de Carvajal: die Höhle von Salamanca. Viel zu sehen gibt es hier nicht – außer der Krypta einer abgerissenen Kirche. In ihr soll der Teufel sieben Schüler in der schwarzen Kunst unterwiesen haben. Dafür mussten sie viel Geld bezahlen, wer es nicht aufbringen konnte, wurde bestraft. Ein Schüler, der Marqués de Villena, wollte den Teufel austricksen und verlor seinen Schatten. Ursprünglich soll jedoch Herkules diese Höhle geschaffen haben, um die Menschen in den sieben Künsten zu unterrichten. Gegenüber an der Fassade des Convento de San Esteban prangen die Skulpturen von Herkules und seiner Frau. Gleich daneben ist der Torre del Marqués de Villena – für eine romantische Aussicht zu zweit.

↗ Die Doppel-Kathedrale vom versteckten Huerto de Calixto y Melibea aus gesehen
↖ In der reichverzierten Fassade der Universität finden sich etliche Totenköpfe – hier mit Frosch.
← Besonders eindrucksvoll sind die Buntglasfenster des Jugendstilmuseums, wenn sie beleuchtet sind.

INFO

DIE URBANE GALERIE

Und auch das gibt es in Salamanca: Straßenkunst. Seit 2013 ist das Barrio del Oeste (westliches Viertel) dafür bekannt. Entstanden ist dieser Stadtteil erst Ende des 19. Jahrhunderts. Familien, die in der Natur leben wollten, bauten hier Häuser mit Gärten. Diese mussten dann im Rahmen der Landflucht Mehrfamilienhäusern weichen, das Viertel verkam ein wenig. Um ihre Nachbarschaft zu verschönern, beschlossen die Menschen deswegen ein Kulturprojekt ins Leben zu rufen: Galeria Urbana. Junge Künstlerinnen und Künstler durften die Fensterläden von Geschäften, Garagentore und Hauswände mit großflächigen Bildern bemalen – ob abstrakt, gegenständlich oder mit Cartoons. Mehrere hundert Werke sind seitdem entstanden und können rund um die Uhr bestaunt werden. Die Baumstämme tragen gestrickte oder gehäkelte Pullover, gestrickte Eulen sitzen in den Bäumen, Telefonzellen wurden zu Bibliotheken, Einkaufswagen verwandelten sich in Mini-Gärten. Das alles lockt Neugierige an.

WEITERE INFORMATIONEN

galeriaurbanasalamanca.es
catedralsalamanca.es
turismodesalamanca.com
turismocastillayleon.com
alojamientosalamanca.es
zoes.es

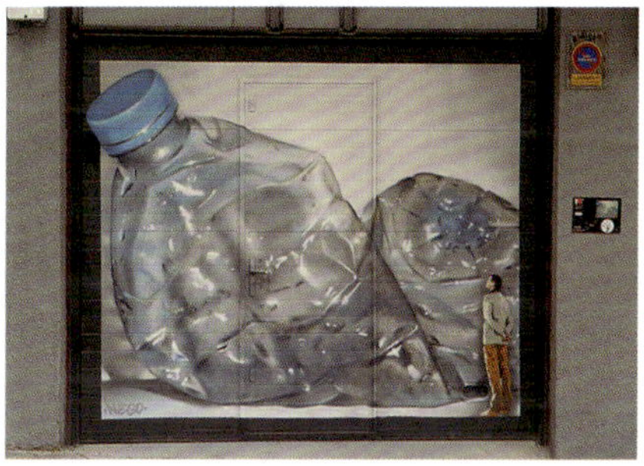

Verschobene Verhältnisse: Ein kleiner Mensch steht in der Urbanen Galerie einer riesigen Plastikflasche gegenüber.

20

ÁVILA – VON HEILIGEN UND ALTEN STEINEN

HEIMAT DER HEILIGEN TERESA

Zum Schutz vor den Mauren entstand einst eine mächtige Stadtmauer, heute die am vollständigsten erhaltene in Spanien. Als Teil der Altstadt von Ávila gehört sie zum UNESCO-Weltkulturerbe. Hier wurde im 16. Jahrhundert die heilige Teresa geboren – die Nonne gründete den Orden der Unbeschuhten Karmeliterinnen.

Vom Aussichtspunkt Cruz de los Cuatro Postes hat man einen fantastischen Blick auf die Stadt, umgeben von meterdicken Mauern. Besonders schön ist es abends, wenn sie angestrahlt wird – erst von der untergehenden Sonne und dann von Lichtern. Die Mauer mit 88 Wachtürmen und neun Toren ist rund 2500 Meter lang, bis zwölf Meter hoch und drei Meter dick. Seit dem späten 11. Jahrhundert schützte sie die Bewohner vor Überfällen. Heute ist die Mauer begehbar. Zeitgleich zur Stadtmauer entstand die mächtige Kathedrale Salvador de Ávila, die gut zum Wehrcharakter der Stadt passt. Die erste gotische Kirche Kastiliens ist außen eher schlicht gehalten, im Inneren dafür umso prächtiger gestaltet mit Buntglasfenstern, dem reich ausgestatteten Chor und verzierten Wänden.

Als es innerhalb der Stadtmauer zu eng wurde, entstanden außerhalb Gotteshäuser und das Kloster Santo Tomás. Isabella I. von Kastilien und Fernando II. von Aragón ließen es errichten, um dem heißen Sommer in Toledo auf die kastilische Hochebene zu entfliehen. Sehenswert ist besonders der Kreuzgang der Könige im Stil der Renaissance; seine Säulen sind mit Steinkugeln dekoriert.

Die Nationalheilige

Hier, mitten im erzkatholischen Spanien, schaffte eine Frau etwas, das vor ihr noch keiner Frau gelungen war. Ihr wurde 1970 als erster Frau in der Geschichte der Status der Kirchenlehrerin zuerkannt. Zu dem Zeitpunkt war sie fast 400 Jahre tot. Die heilige Teresa kam 1515 als Teresa Sánchez de Cepeda y Ahumada in einer Kaufmannsfamilie in Ávila zur Welt. Ihr Großvater war sephardischer Jude. Da sie nicht heiraten wollte, trat sie mit 20 Jahren gegen den Willen ihres Vaters dem Karmelitenorden bei. Doch Teresa glaubte nicht an einen strafenden Gott, sie war für eine gottesfürchtige, bescheidene Lebensweise und das innere Gebet.

Mit 40 Jahren gründete sie die Ordensgemeinschaft der Unbeschuhten Karmelitinnen und das Convento de San José in Ávila; 16 weitere folgten – zwei davon in Ávila – und zwei Männerklöster. Teresa schrieb mehr als 10 000 Briefe und religiöse Werke, untypisch und unerwünscht bei Frauen damals. Bereits kurz nach ihrem Tod 1582 wurde sie seliggesprochen, zur Schutzpatronin Spaniens ernannt und später heiliggesprochen. Überall in der Stadt finden sich Skulpturen von ihr, und an der Puerta de la Santa, wo einst ihr Geburtshaus stand, zeigen im Convento de Santa Teresa farbenprächtige Glasfenster Szenen ihres Lebens.

↙ Durch die unverwechselbare, wuchtige Stadtmauer ist Ávila schon von Weitem zu erkennen.
↓ Der Schinken *(Jamón)* stammt vom schwarzen *(Ibérico)* oder vom Hausschwein *(Serrano)*.

INFO

DER SCHINKENSCHNEIDER

In Ávila, wie in einigen anderen spanischen Städten auch, ist es Tradition, zu jedem Glas Wein oder Bier eine kostenlose Tapa zu bekommen. Hier kann man sich sogar aussuchen welche. Wer etwas hungriger ist: Es gibt zwei Gerichte, die typisch für die Gegend sind, *Chuletón de Ávila*, das Steak vom einheimischen schwarzen Rind, und *Judías del Barco de Ávila*, Gerichte aus großen weißen Bohnen. Aus der Gegend um Ávila kommt der Weltbotschafter des Iberischen Schinkens und der international beste Schinkenschneider: Florencio Sanchidrián. Bei der Hochzeit von Felipe und Letizia, dem heutigen Königspaar, hat er Schinken geschnitten; ebenso auf Oscar-Galas, Formel-1-Rennen und im Weißen Haus für Barack Obama. Auch andere bekannte Persönlichkeiten durften schon beim großen Meister naschen, beispielsweise Angelina Jolie und Antonio Banderas. 2013 kürte ihn die »New York Times« zum »Rockstar des Schinkens«.

WEITERE INFORMATIONEN

avilaturismo.com
catedralavila.es

21

SEGOVIA – EINE REINE MÄRCHENKULISSE

WO ISABELLA KÖNIGIN WURDE

Etwa 90 Kilometer nordwestlich von Madrid liegt Segovia und verströmt den Zauber einer Märchenstadt. Im Mittelalter residierte das Königshaus Kastilien-Léon hier. Heute ist die historische Altstadt dank gotischer Kathedrale, mächtiger Burg und römischem Aquädukt UNESCO-Weltkulturerbe.

Schon von Weitem strahlt einem Segovia entgegen – die mittelalterliche Stadt auf dem Felsplateau, umgeben von grüner Landschaft, in der Ferne die Sierra de Guadarrama. Umschlossen wird das historische Zentrum mit der Kathedrale und den vielen Türmen von einer alten Stadtmauer. Für die Römer war der Ort ein zentraler Stützpunkt, und ihnen verdankt Segovia auch das heute noch gut erhaltene Aquädukt.

Errichtet wurde es im 1. Jahrhundert n. Chr. Mehr als 20 000 perfekt bearbeitete Granitsteinquader sind ohne Mörtel zusammengefügt. Das Bauwerk besteht aus 167 Bögen und ist maximal 28 Meter hoch. Bis in die 1970er-Jahre brachte es Wasser in die Stadt. Laut Legende war es aber der Teufel, der das Aquädukt in nur einer Nacht errichtete – im Tausch gegen die Seele eines jungen Mädchens. Der Teufel verlor knapp, es fehlten lediglich wenige Steine. Vor einigen Jahren ließ die Stadtverwaltung als Attraktion in der Nähe die Statue eines Teufels aufstellen, der ein Selfie macht.
Der höchste Aussichtspunkt ist der Glockenturm der gotischen Kathedrale von Segovia. Errichtet wurde sie zwischen 1525 und 1768 – mit Elementen der Renaissance. Sehenswert ist das Innere mit den riesigen Säulen, den bunten Fenstern aus dem 16. Jahrhundert und dem Hochaltar aus Marmor, Jaspis und Bronze.

Der König der Sterne

In der Nähe der Kathedrale, am westlichsten Zipfel der Stadt, thront auf einem Felsen der Alcázar. Im 13. Jahrhundert wird die Festung zur königlichen Residenz ausgebaut und erhält ihr gotisches Aussehen. 1474 lässt sich Isabella I. hier zur Königin von Kastilien ausrufen. Im Alcázar soll es zahlreiche Geheimgänge geben, die zum Fluss und in einige Adelspaläste der Stadt führen. Heute ist in der Burg ein Museum untergebracht. Auf den Burgturm gelangt man über 152 niedrige Stufen und einen engen Gang. Der Aufstieg wird belohnt mit einem Panoramablick auf die Berge und die Stadt – und die 12-eckige Kirche La Vera Cruz, die angeblich die Tempelritter gründeten. Das eigenwilligste Bauwerk der Stadt ist die Casa de Picos mit ihrer Fassade aus Quadersteinen in Form von Diamantspitzen. Zu den schönsten und beliebtesten Plätzen gehört die Plaza de San Martín mit dem Turmpalast Torreón de Lozoya und der romanischen Iglesia de San Martín. Die Kirche mit Arkadengängen auf drei Seiten hat einen Glockenturm im Mudéjarstil. Der Platz ist seit dem Mittelalter als Plaza de las Sirenas, »Platz der Meerjungfrauen«, bekannt.

INFO

DAS SPANISCHE VERSAILLES

Rund zehn Kilometer von Segovia entfernt liegt der Palacio Real de La Granja de San Ildefonso aus dem 18. Jahrhundert. Die ehemalige Sommerresidenz des spanischen Königshauses erinnert an die Pracht von Schloss Versailles. Aus gutem Grund. Errichten ließ sie Phillip V., der erste spanische Herrscher der Bourbonen und Enkelsohn des französischen Königs Ludwig XIV. Er verliebte sich in die Gegend und wollte etwas bauen, das ihn an seine Kindheit am französischen Hof seines Großvaters erinnerte. Der Palast mit den königlichen Gemächern kann heute besichtigt werden. Außerdem ist hier ein Museum untergebracht, in dem u. a. die wertvollen Wandteppiche der Königsfamilie zu sehen sind. Im 146 Hektar großen Park gibt es Gärten, ein französisches Labyrinth, Skulpturen und einen höhergelegenen Teich, der die 26 Brunnen mit Wasser speist – für spektakuläre Wasserspiele.

WEITERE INFORMATIONEN

turismodesegovia.com
catedralsegovia.es
patrimonionacional.es

↖ Das römische Aquädukt ist so bedeutend, dass es das Wappen der Stadt ziert.
↑ In die Sommerresidenz zog die royale Familie, um der Madrider Hitze zu entkommen.

22

VALLADOLID – DAS ERBE DER KÖNIGE

WIE EIN PLATZ DIE WELT EROBERTE

Ihren Höhepunkt erlebte die Stadt unter der Herrschaft der Katholischen Könige, zu Zeiten von Christoph Kolumbus. In Valladolid verstarb der Entdecker der Neuen Welt. Prächtige Paläste und viele Kirchen zeugen noch heute von der einstigen Bedeutung als Hauptstadt Kastiliens und ganz Spaniens.

Valladolid ist die größte Stadt und Hauptstadt von Kastilien-León. Gegründet wurde sie im späten 11. Jahrhundert von Graf Pedro Ansúrez. 1469 heirateten Isabella I. von Kastilien und Fernando II. von Aragón in Valladolid und erhoben sie zur Hauptstadt ihres Königreichs, später stieg sie sogar zur Kapitale von ganz Spanien auf. An diese Glanzzeiten erinnern prächtige Herrenhäuser und Kirchen. Heute erfüllen die vielen Studierenden die Stadt mit Leben. Die Universität wurde im 14. Jahrhundert gegründet. Die Barockfassade des Hauptgebäudes zieren zahlreiche akademische Symbole.

Zu den interessantesten religiösen Gebäuden gehören die gotische Kirche Santa María la Antigua mit dem romanischen Glockenturm, die Santiago-Kirche samt dem bedeutenden Retabel und die Iglesia de San Pablo, ein Meisterwerk des isabellinischen Stils. Und dann wäre da noch die unvollendete Kathedrale von Valladolid. Ende des 16. Jahrhunderts beauftragte Philipp II. den Architekten Juan de Herrera mit Entwurf und Bau. Doch Madrid wurde Hauptstadt, der Adel und die Geldgeber wanderten ab, dann starb auch noch der Architekt. Die Kathedrale blieb unvollendet. Erst Jahre später stellte José Churriguera die Hauptfassade fertig. Der zweite Turm aber wurde nie gebaut. Das Innere der Kathedrale ist eher schlicht bis auf das Deckengewölbe und den vergoldeten Hauptaltar von Juan de Juni. Philipp II., der im Palacio de Pimentel geboren wurde, zeichnet auch verantwortlich für die Errichtung des Hauptplatzes mit der Statue des Grafen Ansúrez, der Plaza Mayor. Nach ihrem Vorbild entstanden die gleichnamigen Plätze in Madrid, Salamanca und der übrigen spanischsprachigen Welt.

Männer und Museen

In Valladolid verbrachte Christoph Kolumbus die beiden letzten Jahre seines Lebens. Der in Ungnade gefallene Entdecker suchte die Nähe des Königshauses, um für seine Privilegien und Titel zu kämpfen. 1506 starb er verarmt in einem Kloster. Geehrt wird er mit einem Denkmal auf der Plaza de Colón und dem Kolumbus-Museum. Auch der bekannte Autor von »Don Quijote«, Miguel de Cervantes, wollte am Hof Sponsoren für seinen Roman gewinnen. Das Haus, in dem er 1603 bis 1606 mit seiner Familie lebte, ist heute ebenfalls ein Museum. Einer der berühmtesten Söhne der Stadt war der Schriftsteller José Zorrilla y Moral (1817–1893). Nach ihm ist nicht nur ein Platz benannt, sondern sogar das Fußballstadium von Valladolid. Sein Geburtshaus beherbergt jetzt ein Museum.

↙ Im Herzen der Stadt befindet sich die Plaza de Zorilla mit Brunnen und Zorilla-Statue.
↓ Spanisches Fingerfood hoch drei mit traditionellem *Bacalao* (Kabeljau) und *Pimientos*

INFO

PINCHO- UND TAPAS-MEISTERSCHAFT

Die regionale Küche ist vor allem für Lammbraten und Spanferkel bekannt, aber auch die *Sopa castellana*, eine Suppe mit Knoblauch, Brot und luftgetrocknetem Schinken, und *Bacalao al ajoarriero*, Kabeljau. Zudem gilt Valladolid als spanische Hauptstadt der Tapas bzw. Pinchos. Seit 2005 findet hier jährlich die nationale Meisterschaft statt. Pinchos werden im Gegensatz zu Tapas auf einem kleinen Spieß, *pincho*, serviert – daher der Name. Außerdem bestehen sie aus mehreren Zutaten. Einst waren sie die schnellen Happen der »kleinen Leute«, heute gibt es sogar Luxusvarianten. Die Bars und Restaurant in Valladolid überbieten sich gegenseitig bei den Tapas- und Pinchoskreationen. Das Siegergericht der Meisterschaft gibt es anschließend das ganze Jahr in sämtlichen Gaststätten der Stadt. Am besten passt zu den Kreationen ein lokaler Weißwein, der Rueda. Gekeltert wird er aus der Verdejo-Traube. Er schmeckt erfrischend und fruchtig.

WEITERE INFORMATIONEN

info.valladolid.es
spain.info

23

BURGOS – DER KÖLNER DOM STAND PATE

EINE STADT FÜR HELDEN

Burgos ist die typische spanische Stadt: stolz, traditionsbewusst, konservativ – und dennoch lebendig; und sie hat viel zu bieten. Fünf Jahrhunderte war sie die Hauptstadt des Königreichs Kastilien-León. Ihre Kathedrale ist ein Meisterwerk der spanischen Gotik und zählt zum UNESCO-Weltkulturerbe.

Alles begann 884 mit einer Burg auf einem Hügel, von dieser sind heute nur noch Ruinen übrig. Als Festungsstadt wurde Burgos gegründet – zum Schutz vor den Mauren und dem Königreich Navarra. Fernán Gonzáles, der erste vom Königreich León unabhängige Graf von Kastilien, ernannte den Ort 931 zur Hauptstadt seines Reichs. Burgos entwickelte sich prächtig im Mittelalter – auch dank dem Jakobsweg und dem Wollhandel.

Die Kathedrale Santa Maria ist das Schmuckstück der Stadt; sie zählt zu den größten gotischen Gotteshäusern Spaniens. Errichtet ab 1221 im Stil der französischen Gotik, später kamen einige Grabkapellen, der doppelstöckige Kreuzgang und der erzbischöfliche Palast hinzu. Die Doppelturmfassade vollendete der deutsche Dombaumeister Johannes von Köln im 15. Jahrhundert. Er entwarf die filigran durchbrochenen Turmspitzen und auch den Vierungsturm. Heute ist es ein Laternenturm mit Sternengewölbe. Darunter befindet sich das Grabmal des spanischen Nationalhelden El Cid und seiner Frau Doña Jimena. Er lebte im 11. Jahrhundert, hieß eigentlich Rodrigo Dìaz de Vivar und stammte aus der Umgebung von Burgos. Überaus beliebt ist die *Papamoscas*-Uhr, die Fliegenschnapper-Uhr, in der Kathedrale. Als eine Art Glockenspiel läutet der *Papamoscas* zu jeder vollen Stunde die Glocke und bewegt dabei den Mund, er zählt die Stunden. Neben der Uhr schlägt der *Martinillo* alle Viertelstunde zwei kleine Glocken.

Das Gold des Kolumbus

Den besten Blick auf die Kathedrale hat man vom Südplatz aus, wo ein bronzener Pilger auf einer Bank sitzt. Dort befindet sich auch das wuchtige Stadttor Santa María. Daneben beginnt der Paseo de Espolón, die Flaniermeile von Burgos. Die Promenade aus dem 18. Jahrhundert verläuft parallel zum Fluss Arlanzón und ist gespickt mit Statuen und Brunnenanlagen. Platanen spenden im Sommer Schatten. Nach wenigen Metern taucht links das neoklassizistische Rathaus mit zwei Uhrentürmen und dem Portikus auf. Durch ihn gelangt man auf die Plaza Mayor. Am östlichen Ende des Paseo steht eine Statue von El Cid auf seinem Pferd. Nördlich davon liegt die Casa del Cordón, das berühmteste Gebäude von Burgos. Hier empfingen 1497 Isabella von Kastilien und Fernando von Aragón Kolumbus nach seiner zweiten Expedition in die Neue Welt. Im drei Kilometer entfernten Kartäuserkloster Santa María de Miraflores soll das zentrale Altarbild mit dem Gold überzogen sein, das Kolumbus aus der Neuen Welt mitbrachte.

INFO

FÜR NASCHKATZEN

Ein beliebter und traditioneller Nachtisch sind die Yemas de Burgos – goldgelb, weich und köstlich. Sie bestehen lediglich aus viel Eigelb, Zucker und Wasser. Wie und wo die Yemas entstanden sind, ist nicht genau bekannt. Aber auch Ávila und Ronda rühmen sich, ihre Geburtsstätte zu sein. Eine weitere Spezialität ist der Queso de Burgos, ein Frischkäse aus Schafsmilch. Er hat einen milden Geschmack, ist weiß und weich, aber nicht cremig. Er wird gerne als Nachtisch zusammen mit Quittengelee gegessen. Zu beiden Desserts passt am besten ein schöner Wein. In der Provinz Burgos liegt ein Teil der Ribera del Duero, eines der bekanntesten Anbaugebiete Spaniens und eines der besten der Welt. Die Rotweine sind kräftig und schmecken nach dunklen Früchten. Sie müssen zu mindestens 75 Prozent aus Tempranillo-Trauben bestehen, um das Gütesiegel der Region tragen zu dürfen.

WEITERE INFORMATIONEN

turismo.aytoburgos.es
cartuja.org
catedraldeburgos.es

↖ Enthüllt wurde die Bronzestatue des legendären El Cid auf seinem treuen Pferd Babieca im Jahr 1955.
↑ *Yema* bedeutet auf Deutsch »Eidotter«.

Die gotische Kathedrale erstrahlt zu jeder Tageszeit. Im Inneren glänzt die goldene Treppe – inspiriert von der italienischen Renaissance.

24

HARO – JEDE MENGE GUTER TROPFEN

DIE SCHLACHT UM DEN BESTEN WEIN

Inmitten der bekanntesten Weinregion Spaniens liegt die pittoreske Kleinstadt Haro. Bereits die Phönizier brachten vor mehr als 3000 Jahren die ersten Reben aus Nordafrika hierher, den größten Aufschwung in der Weinproduktion erlebte der Ort jedoch erst in der zweiten Hälfte des 19. Jahrhunderts.

Endlose Reihen mit Rebstöcken prägen das Tal des Río Oja. Nach diesem Nebenfluss des Ebros sind die Gegend und der Wein benannt: »Rioja«. Kaum etwas, das den Ort Haro mehr prägt als dieser Wein. So verwundert es nicht, dass es einmal im Jahr ein Volksfest rund um den Wein gibt, bei dem sich tausende Menschen gegenseitig mit dem Rebensaft übergießen. Die Ursprünge liegen einige Jahrhunderte zurück. Damals gab es Gebietsstreitigkeiten zwischen Haro und Miranda de Ebro; mit einer Weinschlacht wurden sie angeblich beendet. Heute treffen sich jedes Jahr am 29. Juni weiß gekleidete Menschen bewaffnet mit Wasserpistolen oder Kanistern voll Wein an der Ermita San Felices auf einem Hügel vor den Toren Haros. Vorbei ist die Schlacht erst, wenn die weißen Klamotten komplett rot bzw. lila sind. Anschließend wird gemeinsam gefeiert.

Obwohl Haro seit vielen Jahrhunderten Weinbau betrieb, kam der Durchbruch erst im späten 19. Jahrhundert. Frankreich erlebte damals eine Reblaus-Plage, die französischen Winzer fanden Alternativen in Rioja. Es entstanden modernere Kellereien; heute gibt es 20 namhafte Bodegas in Haro. Die vier ältesten heißen: Viña Tondonia, Compañía Vinícola del Norte del España, La Rioja Alta und Bodegas Muga, zu finden im Bahnhofsviertel, dem Barrio de la Estación.

Der Turm zu Haro

Das mittelalterliche Zentrum von Haro liegt auf einem Hügel, auf dem höchsten Punkt steht die Iglesia Santo Tomás aus dem 16. Jahrhundert, die ein wunderschönes Sternengewölbe ziert. Besonders beeindruckend sind ihr Hauptportal mit Rundbögen und den zwölf Aposteln, geschaffen vom Renaissance-Bildhauer Felipe Vigarny, sowie der reichverzierte barocke Turm. Der Schutzpatronin der Stadt ist die Basílica de Nuestra Señora de la Vega gewidmet. Ihre Kuppel ist lichtdurchflutet und der kunstvoll geschnitzte, barocke Hauptaltar komplett vergoldet. Genau zwischen beiden Kirchen liegt das ehemalige Augustinerkloster, das Convento de San Agustín, aus dem 14. Jahrhundert. Nachdem es die letzten Mönche verlassen hatten, diente es als Krankenhaus, Schule, Gefängnis und sogar als Busstation. Heute sind hier ein Luxushotel und das Teatro Bretón mit Kino, Ausstellungsräumen und einer Theaterbühne untergebracht. Über die ganze Altstadt verteilt finden sich die Stadtpaläste reicher Adelsfamilien wie der Palacio de Bendaña oder der barocke Palacio de los Condes de Haro. Haro war übrigens die erste Stadt in ganz Spanien mit elektrischer Straßenbeleuchtung.

↙ Überall kann man in eine Bodega stolpern – ob bekannt oder gerade erst aufstrebend.
↓ Die traditionelle Bodega der Familie López de Heredia hat Zaha Hadid neu gestaltet.

INFO

WEIN-ARCHITEKTUR

Um ihr angestaubtes Image loszuwerden, beauftragen die Bodegas hochkarätige Architekten und Architektinnen. Familie López de Heredia, der die Viña Tondonia gehört, etwa hat ihren Verkaufsraum von der irakischen Star-Architektin Zaha Hadid gestalten lassen. Um die historische Verkaufstheke im Jugendstil entstand eine moderne Stahl- und Glaskonstruktion. Das Weingut samt angeschlossenem Hotel Los Herederos del Marqués de Riscal im 1000-Einwohner-Dorf Elciego ist schon aus der Ferne erkennbar. Golden, silbern und weinrot schimmern die riesigen Titanbänder, die das Dach bilden. Erschaffen hat dieses Kunstwerk der amerikanische Stararchitekt Frank Gehry, Erschaffer des Guggenheim Museums in Bilbao, im Alter von fast 80 Jahren. Einer der Stammkunden des Weinguts soll König Felipe sein.

WEITERE INFORMATIONEN

haro.og
haroturismo.org
lariojaturismo.com
batalladelvino.com

25

LOGROÑO – DAS HERZ VON LA RIOJA

VERSCHLAFENE STADT AM JAKOBSWEG

Einst war es ein kleines Dorf, das mehrmals zerstört wurde. Erst mit dem Bau einer steinernen Brücke über den Ebro im Jahr 1099 hielt damals der Reichtum Einzug. Mit diesem Flussübergang wurde Logroño für die Pilger und Pilgerinnen auf dem Jakobsweg zu einer wichtigen Station.

Heute ist Logroño die Hauptstadt der kleinen, unabhängigen Gemeinschaft La Rioja, weltweit bekannt für den gleichnamigen Wein, den trockenen, dunkelroten Rioja. Es gibt ihn auch in Weiß. Das Anbaugebiet mit den mehr als 300 Weinkellereien erstreckt sich neben La Rioja auch über das Baskenland und Navarra. Doch Reisende verirren sich selten hierher – abgesehen von Pilgernden auf dem Camino Francés.

Über einen Nachbau der mittelalterlichen Steinbrücke, der Puente de Piedra, gelangen die Wandernden über den Ebro in die historische Altstadt. Auf der Rúa Vieja geht es vorbei an schönen Gebäuden und Palästen im Stil der Renaissance bis hin zur Jakobskirche, Santiago el Real, aus dem 16. Jahrhundert. Zwar ist der Bau von außen eher schlicht, dafür gibt es den heiligen Jakobus gleich zweimal in der Fassade, einmal das Schwert schwingend als Maurentöter, einmal als Pilger. Vor der Kirche befinden sich der Pilgerbrunnen und die Plaza de la Oca, der »Gänseplatz«, mit dem Bodenmosaik des »Gänsespiels«. Seine 63 Spielfelder stellen Stationen des Jakobswegs dar.

Michelangelos Schatz

Ganz in der Nähe ragen die barocken Zwillingstürme der Konkathedrale Santa María de la Redonda empor. Errichtet wurde die Kirche im 15. Jahrhundert im spätgotischen Stil; bis ins 18. Jahrhundert fanden diverse An- und Umbauten statt. Neben den beiden Türmen beeindruckt das Hauptportal mit dem Bogengewölbe. Das Innere birgt einen Schatz, ein Gemälde der Kreuzigung von Michelangelo, gut geschützt hinter Panzerglas. Unweit der Kirche locken Grünflächen und Gärten auf der Promenade Paseo del Príncipe de Vergara, umgangssprachlich auch Paseo del Espolón genannt, zum Verweilen. Ein Wahrzeichen der Stadt ist die Iglesia Santa María de Palacio samt ihrem 45 Meter hohen pyramidenförmigen Turm. Besonders prachtvoll sind der Kreuzgang und der geschnitzte, romanische Hauptaltar des spanisch-flämischen Künstlers Arnao de Bruselas. Nicht weit entfernt liegt die älteste Kirche Logroños, San Bartolomé, unter ihrem eckigen Mudéjarturm. Von dort oben aus haben Besucher einen fantastischen Ausblick auf die Stadt. Als Hauptstadt von La Rioja ist natürlich eines auch in Logroño Pflicht: der Besuch einer Bodega oder eines Weinguts. Zu den alteingessenen Winzerfamilien, von denen sich eine ihren Weinkeller sogar von Gustave Eiffel ausbauen ließ, gesellten sich junge aufstrebende Winzer mit exzellenten Weinen.

INFO

WIEGE DER SPANISCHEN SPRACHE

Rund 40 Kilometer von Logroño entfernt befindet sich San Millán de la Cogolla mit den beiden berühmten Klöstern Suso und Yuso. Seit 1997 gehören sie zum UNESCO-Weltkulturerbe. Sie gehen zurück auf den heiligen Aemilianus (San Millán), der sich an diesem Ort in Berghöhlen zurückzog. Später entstanden genau dort das Kloster Suso und die wahrscheinlich bedeutendste Schreibstube des Mittelalters in Spanien. Hier notierte ein Mönch die ersten spanischen Worte – am Rand eines lateinischen Textes. Im 11. Jahrhundert musste Suso erweitert werden, und es kam im Tal das prächtige Kloster Yuso hinzu, wo heute die Reliquien von San Millán aufbewahrt werden. In der weitläufigen Klosteranlage, in der aktuell Augustinermönche leben, befindet sich eine der bedeutendsten Bibliotheken Spaniens mit wertvollen antiken Schriften.

WEITERE INFORMATIONEN

logrono.es
visitalogrono.com
lariojaturismo.com
monasteriodesanmillan.com

← Seit dem Mittelalter befand sich an dieser Stelle eine Brücke über den Ebro. Die heutige Puente de Piedra stammt aus dem Jahr 1884.
↑ Wertvolle Schriften im Monasterio de Yuso

26

CALATAYUD – IM KÖNIGREICH DER ZIEGEL

TÜRME MIT DEM GEWISSEN EXTRA

Nachdem Alfons der Krieger die Stadt 1120 von den Mauren erobert hatte, ließ er in Calatayud christliche Gotteshäuser errichten. Die verbliebenen muslimischen Baumeister entwarfen aus den von ihnen traditionell verwendeten Materialien nun prachtvolle Kirchen und Glockentürme im Mudéjarstil.

Der heutige Name Calatayud leitet sich von der maurischen Festung Qal'at 'Ayyūb ab, die mit ihren achteckigen Türmen im Mudéjarstil im 8. Jahrhundert auf dem Hügel der Stadt erbaut wurde. Im Norden des Kalifats gelegen, bestand der Befestigungsring aus einer Hauptburg und vier kleineren Festungen. Erst im 12. Jahrhundert konnte der christliche Herrscher Alfons die maurische Stadt erobern. Während des Spanischen Erbfolgekriegs wurde die Burg schließlich auf Befehl König Felipes V. von Anjou geschliffen. Bei einem Spaziergang durch die Stadt entdeckt man schnell die zum Weltkulturerbe der UNESCO gehörenden Bauten im Mudéjarstil. Neben Apsis und Kreuzgang ist der Turm der Kirche Santa Maria la Mayor eines der prachtvollsten Beispiele dieser Architektur. Nach der Eroberung durch Alfons I. lebten noch viele handwerklich geschickte Araber in der Stadt. Als auf den Grundmauern der Mezquita eine christliche Kirche gebaut werden sollte, passten sich die maurischen Baumeister den neuen Herrschern an und entwarfen die bei ihnen in Auftrag gegebene Kirche in diesem besonderen Architekturstil.

Durchs jüdische Viertel

Um die neu eroberten Gebiete zu sichern, förderten die Könige Aragóns die Zuwanderung in den Grenzorten. Unter dem wohlwollenden Blick des christlichen Herrschers ließen sich in Calatayud christliche, jüdische und muslimische Menschen nieder. Im jüdischen Viertel wurden gleich mehrere Synagogen gebaut. Es gab Backstuben und koschere Fleischereien, Leder- und Textilhandwerk. Gut ausgebildete, jüdische Ärzte praktizierten in der Stadt.

In der Kirche San Pedro de los Francos wurden Gottesdienste für die französischen Soldaten abgehalten, die Alfonso bei der Eroberung der Stadt von den Mauren geholfen hatten. Hinter dem gotischen Eingangsportal befindet sich ein eher untypisches Kirchenschiff. Einmal im Monat findet in den altehrwürdigen Mauern das Lichtspektakel Aurora statt. Mittels Videomapping wird an den Wänden des Gotteshauses dann in bunten Farben und Lichtern die Geschichte Calatayuds erzählt. Besonders auffallend ist der Glockenturm im Mudéjarstil, der sich ziemlich schief über der Straße neigt. Um Königin Isabella nicht zu ängstigen, die gemeinsam mit ihrer Mutter, der Regentin Maria Christina, im Jahr 1840 in Calatayud zu Besuch war und in einem der Kirche gegenüberliegenden Palast übernachtete, wurde der obere Teil des Turms, in dem sich die Glocken befanden, kurzerhand abgerissen.

INFO

RÖMISCHE RESTE

Unweit von Calatayud, an der Carretera de Soria in Richtung Emid de la Ribera, liegt die Ausgrabungsstelle der antiken Ortschaft Augusta Bílbilis. Von der einst blühenden römischen Siedlung ist bis heute die Bezeichnung der Einwohner Calatayuds als *Bilibinos* geblieben. An einem Parkplatz stellt man das Auto ab und geht zu Fuß weiter. Die Stätte ist frei zugänglich und kostet keinen Eintritt. Archäologen und Archäologinnen legten das Forum mit Tribunal und Rathaus, einem Tempel, einem Theater und den römischen Thermen frei. Die kleine Siedlung wurde von dicken Mauern geschützt und verfügte über ein ausgeklügeltes Netz an Wasserleitungen. Die Wände der Wohnhäuser müssen reich verziert gewesen sein.

WEITERE INFORMATIONEN

Oficina de Turismo de Calatayud,
calatayud.es/turismo
Termine für das Videomapping Aurora in der Kirche San Pedro de los Francos,
descubrecalatayud.es/aurora
Santa Maria, aragonmudejar.com

↖ Turm und Apsis der Kirche Santa Maria Mayor stammen aus dem 16. Jahrhundert.
↑ Die Ausgrabungsstätte Augusta Bílbilis war früher eine blühende Römerstadt.

27

ZARAGOZA – TAUSENDUNDEINE NACHT IN ARAGÓN

DIE MAURISCHE METROPOLE IM NORDEN

Zu Beginn des 11. Jahrhunderts verlor das Kalifat von Córdoba immer mehr an Bedeutung. Kleine Taifas gewannen Macht und Einfluss. Im Norden der Iberischen Halbinsel entwickelte sich aus den Trümmern des einst mächtigen Kalifats die Taifa Saraqusta, das kleine Emirat von Zaragoza.

Unter der Herrschaft des dritten Emirs von Zaragoza erreichte die *Taifa* den Höhepunkt ihrer Macht. Ahmad I. al-Muqtadir eroberte Denia und Tortosa und verleibte seinem Reich die angrenzenden *Taifas* ein. Aber der Emir war auch ein Förderer der Künste und Wissenschaften. In Zaragoza ließ er den Palacio de la Aljafería errichten. Er nannte den prächtigen Bau »Palast der Freude«.

Für die muslimischen Herrscher war ein Garten mehr als ein Ort der Ruhe. Gespickt mit Symbolen stehen Gärten in der islamischen Architektur für den Himmel auf Erden. Der Innenhof der Aljafería wirkt bis heute wie ein Abbild des islamischen Paradieses. Die Blüten der Zitronen- und Orangenbäume verbreiten im Frühjahr einen betörenden Duft. Leise plätschert Wasser als lebensspendendes Element. Im goldenen Thronsaal tragen marmorne Säulen die maurischen Bögen. Verschnörkelte Pflanzen, Blätter und Schriftzeichen ranken an den Wänden. Neben dem Thronsaal befindet sich ein winziger Gebetsraum, eine private Mezquita des Herrschers. Der lichtdurchflutete Hof trägt heute den Namen einer Königin von Aragón: Patio Santa Isabel.

Die Blütezeit der *Taifa* währte nur kurz. Bereits gegen Ende des 11. Jahrhunderts eroberten christliche Könige Zaragoza. Die andersgläubigen Einwohner wurden vor die Tore der Stadt gejagt. Bald darauf wurde die Palastanlage umgebaut, so entstand im Eingangsbereich die Sankt-Martins-Kirche. Die größte Veränderung brachte jedoch der Bau eines zusätzlichen Stockwerks, den Fernando de Aragón und seine Frau Isabel de Castilla veranlassten. Im pompös dekorierten Thronsaal empfingen die *Reyes Católicos* Botschafter und Gäste. Die Kassettendecke verleiht dem gut 20 Meter langen Saal etwas Bedrückendes. Weiter oben verläuft eine Galerie, von der aus die Herrscher den Saal beobachten konnten, ohne selbst gesehen zu werden. In gotischen Lettern zieht sich ein scheinbar endloser Schriftzug über die Wände, der die Taten König Fernandos und Königin Isabellas preist. Auf Latein lobt der Text das Paar, das die Mauren aus Andalusien vertrieb und nennt das Datum, an dem es den Auftrag zum Umbau gab. Es war 1492, das Jahr, in dem Kolumbus sich auf den Weg machte, Amerika zu entdecken.

Bedeutende Basiliken

Jeden Morgen und jeden Abend klingen die Gesänge des Chors der Basilika el Pilar durch die Altstadt von Zaragoza. Die Kathedrale mit den bunten Kuppeln erhebt sich an der Stelle des Ufers, an der eine alte Steinbrücke den Ebro überquert. Hier soll dem heiligen Jakob die Muttergottes er-

→ Die Basílica de Nuestra Señora del Pilar erhebt sich am Ufer des Ebros.

schienen sein. Um die kleine Marienstatuette herum wurde die erste Kapelle zu Ehren der *Nuestra Señora del Pilar* errichtet. Im Laufe der Jahrhunderte vergrößerte man die Kirche mehrmals, bis im 17. Jahrhundert der prunkvolle Barockbau entstand. Die Basilika öffnet sich zu einem zentralen Platz, auf dem jedes Jahr am 12. Oktober, dem Festtag der Schutzheiligen, die Ofrenda de flores stattfindet. Aus ganz Spanien reisen die Menschen an, um der kleinen Jungfrau Blumen zu Füßen zu legen.

Neben der Basilika El Pilar hat Zaragoza eine weitere Kathedrale, La Seo. Wo zu römischer Zeit das Forum lag, errichteten die Mauren ihre *Mezquita aljama*. Der islamische Bau soll einer der ältesten und bedeutendsten in ganz al-Ándalus gewesen sein. Nachdem der christliche König Alfons die Stadt 1119 erobert hatte, wandelte er die Mezquita in ein christliches Gotteshaus um. Erst gegen Ende des 12. Jahrhunderts riss man die letzten Reste der islamischen Konstruktion ein, um Platz für das neue, romanische Gebäude zu schaffen. Am Glockenturm der Catedral del Salvador sollen Teile des Minaretts bis heute zu erkennen sein.

Römische Ruinen

Caesaraugusta nannten die Römer ihre 14 v. Chr. gegründete Siedlung. Viele der Soldaten, die in Hispanien für Kaiser Augustus gekämpft hatten, ließen sich in der neuen Kolonie am Ufer des Ebro nieder. Die Stadt verfügte über ein Forum, eine römische Therme und natürlich ein Theater. Während die Thermen eher ein Treffpunkt des Bürgertums war, bot das Teatro Romano Unterhaltung für alle Bevölkerungsschichten. Über 200 Jahre lang spielten sich auf der Bühne des 6000 Menschen fassenden Theaters Dramen und Tragödien ab. Ähnlich wie in griechischen Tragödien arbeitete das römische Theater mit Masken. Erstaunlicherweise hielt sich der halbrunde Bau noch bis ins 3. Jahrhundert nach Christus. Dann erst wurden die Steine des römischen Theaters abgebaut und zur Erweiterung der Stadtmauern eingesetzt.

Auf den Spuren Goyas

Auf dem großen Platz zwischen den beiden Kathedralen steht ein Denkmal des Malers Francisco Goya. Goya wurde in Zaragoza geboren, ging jedoch später nach Madrid, wo er zum erfolgreichen Hofmaler avancierte, ehe sich sein Blick anderen Themen zuwandte. Statt der geschönten Porträts reicher Adeliger begann Goya mit 40 Jahren das Elend der Kriege und die Armut der einfachen Leute auf die Leinwand zu bannen. In der Konkathdrale La Basilica El Pilar stammen einige Fresken aus dem Pinsel des berühmten Malers. Das Museo de Zaragoza zeigt frühe Arbeiten des berühmten Sohns der Stadt. Die Ausstellung des Goya-Museums belegt sowohl die Entwicklung der Malerei, die Goyas Schaffen prägte, als auch seinen Einfluss auf Künstler, die nach ihm kamen. Von Goyas Werken sind vor allem die Zeichnungen und Drucke in der zweiten Etage interessant.

↗ Der prachtvolle Palacio de la Aljafería, ehemalige Residenz der maurischen Herrscher
↖ In traditioneller Tracht begehen die Menschen das Fest zu Ehren der Virgen El Pilar jedes Jahr am 12. Oktober.
← Römisches Theater unterm schützenden Dach

INFO

WÜSTENWANDERN

Östlich von Zaragoza, in der zur Provinz Huesca gehörenden Comarca Los Monegros, erstrecken sich wüstenähnliche Landschaften, die man mit dem Auto, dem Rad oder zu Fuß erkunden kann. Die Ruta Jubierre führt auf einer schnurgeraden Strecke durch eine abgeschiedene, stille Welt. Hohe Felsen aus Sandstein recken sich in den Himmel, Gesteinsschichten in roten, gelblichen oder grünlichen Farbtönen liegen übereinander, in Jahrmillionen geschaffen durch Wind und Wetter. Die Ermita Sant Miguel steht einsam am Wegesrand. Man sagt, sie sei das einzige Gebäude, das von einem Dorf namens Jubierre übrig geblieben ist.

WEITERE INFORMATIONEN

Ruta Jubierre:
turismodearagon.com/ficha/ruta-por-jubierre und – mit weiteren Routen: slowdrivingaragon.com
Goya-Museum, museogoya.ibercaja.es
Römisches Theater, zaragoza.es
Während der Besuch der stets geöffneten Basilica El Pilar gratis ist, kostet die Kathedrale La Seo Eintritt und hat feste Öffnungszeiten.
Kathedralen: catedraldezaragoza.es
Kulinarischer Tipp: In Zaragozas Tapas-Viertel El Tubo reiht sich eine Tapasbar an die andere. Empfehlenswert ist ein Besuch im Restaurant El Guariche und im auf Meeresfrüchte spezialisierten La Ultramarina.

Die Wanderstrecke Ruta Jubierre führt durch eine eindrucksvolle, wüstenartige Landschaft.

28

TERUEL – MAURISCH-ROMANTISCHER MIX

STADT DER LIEBENDEN

In Teruel finden sich zahlreiche Bauten in dem von der UNESCO als Weltkulturerbe anerkannten Mudéjar-Baustil, eine architektonische Mischform. Sie ist entstanden aus den beiden Kulturen, die diese Gegend viele Jahrhunderte lang dominierten: der islamischen und der christlichen Welt.

Vergeblich sucht man als Besucher zunächst das Wahrzeichen der Stadt. Rings um einen Brunnen erstreckt sich eine belebte Plaza mit Bars und Geschäften. Auf der hohen Säule des Brunnens thront ein winziger Stier, *el torico*. Über den Stier erzählt man sich in Teruel zwei Legenden. Die eine besagt, dass die Phönizier auf der Suche nach einem Ort, an dem sie sich niederlassen konnten, ein fruchtbares Stück Land mit grasenden Stieren entdeckten. Die andere Geschichte verlegt die Gründung Teruels in die Zeit, als Alfonso II. die Gegend eroberte. Einige seiner Soldaten sollen während eines Feldzugs einen Stier erblickt haben, der von einem leuchtenden Stern geleitet wurde. Sie folgten dem Tier, um an der Stelle, an der er bliebe, eine Stadt zu gründen.

Der vor allem im Süden Spaniens verbreitete Mudéjarstil ist eine Mischung westlicher und orientalischer Baukunst. Gotische Formen vermischen sich mit filigranen Arabesken der maurischen Architektur. Die Kathedrale Santa María de Mediavilla zählt zu den beeindruckendsten Vertreterinnen dieser Bauweise. Errichtet wurde die Kirche ursprünglich im romanischen Stil. Später erweiterte ein maurischer Baumeister das Gotteshaus, entwarf die Mudéjar-Decke und hellte das Kirchenschiff auf. Der Vierungsturm wurde im 16. Jahrhundert errichtet. Der Torre San Martín, Kirchturm und zugleich eines der Stadttore Teruels, erinnert gar an das Minarett einer Mezquita. Besonders extravagant kommt jedoch der Torre San Salvador daher, der sich über die Dächer der Häuser erhebt.

Romanze ohne Happy End

In Teruel spielt die wohl traurig-schönste Liebesgeschichte Spaniens. Juan Diego de Marcilla und Isabel de Segura kannten sich von Kindheit an. Während Isabels Eltern wohlhabend waren, stammte Juan aus einer armen Familie. Als er es dennoch wagte, um ihre Hand anzuhalten, stellte Isabels Vater den Liebenden eine Bedingung. Wenn Juan es schaffe, innerhalb von fünf Jahren genügend Geld zu verdienen, wolle er der Hochzeit nicht im Wege stehen. Juan zog als Soldat in die Welt und sparte ein kleines Vermögen zusammen. Kurz vor dem Ablauf der Frist verheiratete der Vater seine Tochter mit einem anderen. Als Juan zurückkehrte, war er untröstlich und bat Isabel um einen letzten Kuss. Doch Isabel war nun eine verheiratete Frau und verweigerte ihm die Bitte. Ihr ehemaliger Geliebter starb bald an gebrochenem Herzen. Isabel gab dem Verstorbenen einen letzten Kuss, ehe sie auf seinem Grab zusammenbrach und starb.

↙ Die Liebenden von Teruel – im Mausoleum vereint
↓ Blick auf das von der UNESCO zum Weltkulturebe erklärte Albarracín

INFO

IM DORNRÖSCHENSCHLAF

Nicht weit von Teruel entfernt liegt Albarracín, ein malerisches Dorf, versteckt in einem kleinen Tal und umgeben von steil aufragenden Bergen. Zunächst errichteten die Mauren hier eine mächtige Festung, später eroberten christliche Herrscher die kleine Stadt. Nach einer kurzen Blütezeit im Mittelalter zogen die Menschen fort in die Städte, die alten Häuser verfielen. Erst Ende des 19. Jahrhunderts entdeckte man die Schönheit der alten Siedlung wieder und begann mit der Restaurierung des Dorfs. Heute liegt Albarracín inmitten eines geschützten Naturparks mit steinzeitlichen Malereien und steilen Felshängen, ein Paradies zum Bouldern und Klettern.

WEITERE INFORMATIONEN

Infos Teruel, teruelmudejar.com
Mausoleo de los Amantes de Teruel, amantesdeteruel.es
Infos Albarracín, turismodearagon.com/de/ficha/albarracin
Tipp: Die Escalinata del Óvalo ist eine monumentale Treppe, die in die Altstadt Teruels hinaufführt.

Die Escalinata del Óvalo führt hinauf in die Altstadt von Teruel.

29

CUENCA – EIN MEKKA DER ABSTRAKTEN KUNST

DIE HÄNGENDEN HÄUSER

Einst machten Teppiche und Wollhandel Cuenca zu einem reichen Ort. Das ursprüngliche Stadtbild mit der Architektur aus dem 12. bis 18. Jahrhundert ist bis heute gut erhalten geblieben. Hinzu kommt die außergewöhnliche Lage auf dem Felsplateau. Seit 1996 ist Cuenca UNESCO-Weltkulturerbe.

Während sich im Tal des Júcar-Flusses die Neustadt von Cuenca ausbreitet, thront oben auf dem Felshügel die historische Altstadt. Fast scheint es, als würden die Häuser jeden Moment in die Schlucht stürzen – in den zweiten Fluss, den Huécar. Da das Felsplateau nicht genügend Platz für neue Häuser bot, entschloss man sich ab dem 14. Jahrhundert, in die Höhe und die Tiefe zu bauen. So entstanden an der Klippe die *Casas colgadas*, die »hängenden Häuser«. Von den hölzernen Balkonen aus konnte man direkt auf den Huécar im Tal schauen. Früher gab es am gesamten Steilhang solche Häuser, übrig geblieben sind lediglich drei. In einem ist ein Restaurant untergebracht, in dem daneben das Museum für Abstrakte Kunst. Gegründet wurde es 1966 als Folge der sich entwickelnden Kunstszene in Cuenca. Das Museum verfügt über Gemälde und Skulpturen von mehr als 30 wichtigen Künstlern und Künstlerinnen der 1950er- und 1960er-Jahre: Millares, Chillida, Tápies, Sempere, Torner, Zóbel, Saura. Einen guten Blick auf die *Casas colgadas* hat man von der Puente de San Pablo aus. Die Brücke wurde im 16. Jahrhundert über dem Huécar errichtet, um die Altstadt mit dem Dominikanerkloster zu verbinden. Nach ihrem Einsturz entstand 1902 ein neuer Übergang aus Eisen und Holz auf den Originalpfeilern. Das Kloster aus dem 16. Jahrhundert beherbergt heute einen Parador und ein Restaurant.

Faszinierende Blickpunkte

Am zentralen Platz der Stadt, der Plaza Mayor, stehen das barocke Rathaus und die gotische Kathedrale María y San Julián aus dem 12./13. Jahrhundert. Nachdem 1902 der Turm einstürzte und dabei auch die Fassade beschädigte, wurde die Kathedrale im neogotischen Stil rekonstruiert. Seitdem fluten bei Sonneneinfall die bunten Bleiglas-Fenster mit abstrakten Mustern des Künstler Gustavo Torners den Innenraum mit zauberhaftem Licht.

Am Rande der Altstadt steht der markante Torre Mangana. Laut Überlieferungen diente er bereits Anfang des 16. Jahrhunderts als Wachturm des einstigen arabischen Alcázar. Im 20. Jahrhundert wurde der 28 Meter hohe Turm im Neomudéjarstil saniert. Von hier aus kann man den neueren Teil der Stadt gut überblicken. Der spektakulärste Blick auf das alte Cuenca mit den hängenden Häusern, auf die Brücke, das ehemalige Kloster und die endlose Landschaft von Kastilien-La Mancha bietet sich oberhalb der Stadt – von den Ruinen einer arabischen Burg und dem benachbarten Mirador Cuenca aus.

INFO

DIE VERZAUBERTE STADT

Rund 30 Kilometer entfernt liegt im Hochland des Naturparks Serranía de Cuenca die *Ciudad Encantada* – umgeben von Pinienwäldern. Die »verzauberte Stadt« ist jedoch keine Stadt, sondern eine Kalksteinlandschaft mit beeindruckenden und kuriosen Felsformationen. Sie sind im Laufe der Jahrhunderte durch Erosion entstanden. Wasser, Wind und Eis haben bizarre Figuren aus dem Stein geformt, die mit ein bisschen Fantasie wie verzauberte Objekte, Tiere oder Menschen aussehen. Zumeist ist der obere Teil breiter als der untere, ähnlich wie bei einem Pilz. Informationstafeln begleiten den drei Kilometer langen Rundweg. Die »verzauberte Stadt« ist rund 20 Quadratkilometer groß und wurde 1929 in die nationale Liste wichtiger Orte aufgenommen.

WEITERE INFORMATIONEN

visitacuenca.es
cuenca.es
ciudadencantada.es
parador.es
turismocastillalamancha.es

↖ In den hängenden Häusern nächtigten angeblich auch die Könige, wenn sie in der Stadt waren.
↑ Die »verzauberte Stadt« kostet Eintritt.

30

BRIHUEGA – EINE SPANISCHE PROVENCE

DIE LAVENDELFELDER VON GUADALAJARA

Ein Fleckchen Provence mitten in Spanien – das gibt es in Brihuega. Seit rund 50 Jahren wird hier Lavendel angebaut. Die Region ist eine der weltweit größten Produzentinnen für Lavendel, inklusive des Öls. Obwohl das Städtchen so viel mehr zu bieten hat, machte es erst die wertvolle Pflanze bekannt.

In der Provinz Guadalajara in Kastilien-La Mancha erstrahlen mitten im Nirgendwo lilafarbene Felder, und es duftet betörend. Jedenfalls im Juli, wenn der Lavendel blüht. Kurz vor der Ernte findet das Festival de la Lavanda statt. Alle kleiden sich in Weiß, es gibt Konzerte und ein Mahl unterm Sternenhimmel. Touren führen durch die Lavendelfelder und die Destillerie, wo das Öl gepresst wird. Im grünen Tal des Flusses Tajuña liegt Brihuega. Der Ort wird als *Jardín de la Alcarria* bezeichnet, weil hier so viel gedeiht: Obst, Gemüse, Kräuter und Lavendel. In den 1960er-Jahren besuchte der angehende Lehrer Álvaro Mayoral Frankreich und verliebte sich in die Lavendelfelder. Er brachte die Idee, Kontakte und Lavendel-Stecklinge mit. Aus wenigen Pflanzen sind mittlerweile 1000 Hektar Anbaufläche rund um Brihuega geworden. Rund zehn Prozent der weltweiten Produktion stammen von den hiesigen Feldern. Das Öl wird unter anderem für Parfüm, Medizin oder Pflegeprodukte verwendet.

Ein verwunschener Brunnen

Brihuega ist ein mittelalterliches Dorf – einstmals umgeben von einer arabischen Stadtmauer. Teile sind davon noch erhalten, dazu zwei der Stadttore. Auch von der Burg Peña Bermeja aus dem 12. Jahrhundert stehen noch Überreste. Die verwinkelten Straßen öffnen sich zu beschaulichen Plätzen mit vielen plätschernden Brunnen. Einer der schönsten ist die Fuente Blanquina, deren Wasser aus zwölf Rohren sprudelt. Erstmalig erwähnt wurde der auch *Fuente de los Doce Caños* genannte Brunnen im 16. Jahrhundert, früher nutzen ihn die Frauen als Waschplatz. Laut Legende finden Alleinstehende einen Partner, wenn sie aus allen zwölf Rohren trinken.

Unter der Stadt gibt es ein acht Kilometer langes Labyrinth aus geheimen Gängen. Die Höhlen aus dem 10. und 11. Jahrhundert dienten als Zufluchtsort bei Belagerungen und als Fluchtweg zur Stadtmauer. Eines der imposantesten Gebäude im Ort ist die königliche Kleiderfabrik aus dem 18. Jahrhundert, wo Stoffe für Militäruniformen hergestellt wurden. Zum Rundbau der Fábrica de Paños gehört ein geometrisch angelegter Garten mit Zypressen und Blumenbeeten. Von hier aus hat man einen tollen Blick auf das Tal und kann die sogenannte Hemingway-Kurve erspähen. Der US-Schriftsteller war 1937 als Kriegsreporter während des Spanischen Bürgerkriegs hier. Wenige Jahre danach, 1946, verfasste der spätere Literaturnobelpreisträger Camilo José Cela ein Buch über seine Reise durch die Region La Alcarria.

↙ Überall in der Stadt kann man Andenken, z. B. Lavendelsträuße oder -seife, kaufen.
↓ Besonders schön sehen die schwarzen Häuser aus, wenn es regnet und der Schiefer glänzt.

INFO

DIE SCHWARZEN DÖRFER

Von den *Pueblos blancos*, den »weißen Dörfern«, haben die meisten schon gehört, aber auch von den *Pueblos negros*, den »schwarzen Dörfern«? Die gibt es im Nordwesten der Region Kastilien-La Mancha, eingebettet in die hügelige, grüne Landschaft der Sierra de Ayllón. Doch die Mauern, Dächer und Gehwege sind nicht etwa schwarz angemalt, sondern aus schwarzem Stein und Schieferplatten gebaut, manche davon übereinandergestapelt. Das verleiht den Dörfern ihr typisches Aussehen. Zehn sind es insgesamt rund um den Pico de Ocejón: Retiendas, Campillejo, El Espinar, Roblelacasa, Campillo de Ranas, Robleluengo und Majaelrayo auf der Ostseite sowie Almiruete, Palancares und Valverde de los Arroyos im Westen. Nur wenige Menschen leben hier noch in den einsamen Orten, die ein bisschen versteckt in Eichen- und Pinienwäldern liegen.

WEITERE INFORMATIONEN

turismobrihuega.com
dguadalajara.es/web/guest/arquitectura-negra
spain.info

31

TOLEDO – MUSTERBEISPIEL DER TOLERANZ

HIER WURDE DON QUIJOTE »GEBOREN«

Toledo wird oft als Spaniens schönste Stadt bezeichnet. Das sah auch die UNESCO so und setzte sie auf die Liste der Weltkulturerbestätten. Das Besondere ist, dass hier Muslime, Christen und Juden Jahrhunderte lang friedlich zusammenlebten, in der »Stadt der drei Kulturen«, wie Toledo auch genannt wird.

Schon aus der Ferne unübersehbar: Kirchen, Häuser und Paläste klettern den Berg hinauf, an dessen Fuß der Tajo die Stadt umfließt. Die markantesten und wichtigsten Gebäude sind die Kathedrale und die Festung Alcázar, die über der ehemaligen Königsstadt thronen.

Die Catedral Primada gilt als die bedeutendste gotische Kathedrale des Landes und als eine der größten der Welt. 12 000 Quadratmeter misst ihre Grundfläche; sie ist im Inneren 110 Meter lang, und ihre fünf Kirchenschiffe werden von 88 Säulen getragen. Erbaut wurde die Kathedrale zwischen 1226 und 1493 – vorher standen dort eine alte westgotische Kirche und eine Moschee. Es gibt so viel zu bestaunen – angefangen beim 90 Meter hohen Nordturm mit seinen acht Glocken. Nummer neun, die fast 15 Tonnen schwere *Campana Gorda,* eine der größten Glocken weltweit, hat einen Riss und darf nicht mehr läuten. Die gotischen Portale der Hauptfassade sind reich verziert. Im Inneren wartet eine wahre Pracht: 750 Buntglasfenster, die Königskapelle, der geschnitzte Altar, die Sakristei mit Gemälden von Goya, Tizian, Van Dyck und El Greco. Dann wäre da noch die berühmte Monstranz, ein gotischer Turm auf achteckigem Grundriss, gefertigt aus vergoldetem Silber und Edelsteinen. Rund drei Meter hoch und gut 160 Kilogramm schwer ist das Schmuckstück. Während der alljährlichen Fronleichnamsprozession wird die Monstranz durch Toledo getragen.

Überragt wird die Kathedrale nur vom Alcázar, dem Königspalast aus dem 16. Jahrhundert. Da die Residenz 1561 von Toledo nach Madrid verlegt wurde, hat in diesem Bau nie ein König gewohnt. An gleicher Stelle gab es vorher bereits Festungen, in denen ab dem 11. Jahrhundert die Herrscher von Kastilien lebten. Als einziges Gebäude der Stadt wurde sie mehrmals zerstört und wieder aufgebaut – im Herrera-Stil der Spätrenaissance, also eher nüchtern und ohne Prunk. Heute beherbergt der Palast das Armeemuseum, das Museo del Ejército.

Kastiliens Schatzkiste

Überall in der Stadt verteilen sich Schmuckstücke aus vergangenen Jahrhunderten: die Plaza de Zocodover mit ihren Arkadenbauten, der Platz neben der Kathedrale vor dem Renaissance-Rathaus und dem Erzbischöflichen Palais, die Judería, das ehemalige jüdische Viertel mit seinen Kopfsteinpflastergassen und den beiden letzten verbliebenen Synagogen. Dabei waren es einmal unzählige, 12 000 Juden lebten zeitweilig in Toledo – bis zu ihrer Vertreibung. Die älteste Synagoge der Stadt ist Santa María la Blanca, aus der

→ Das Schmuckstück der Kathedrale, der kunstvoll gestaltete Hauptaltar, wurde erst 1504, dem Todesjahr von Isabella von Kastilien, beendet.

später eine Kirche wurde. Sitzbänke gibt es nicht, dafür beeindrucken die filigranen Verzierungen an den Kapitellen. Nicht weit entfernt befindet sich die Synagoge El Tránsito aus dem 14. Jahrhundert, ein Gebäude im Mudéjarstil. Farbenfrohe geometrische und florale Elemente sowie Inschriften in Arabisch und Hebräisch schmücken die Wände des heutigen Sepharden-Museums. Die kunstvolle Artesonado-Decke besteht aus Zedernholz.

Von den ehemals zehn Moscheen ist lediglich eine geblieben, die Moschee Cristo de la Luz aus dem Jahr 999, das älteste Gebäude Toledos. Sie wirkt wie eine Mini-Version der Moschee von Córdoba; vor allem die Hufeisenbögen im Innenraum ähneln sich. Beide gelten als die ältesten Beispiele muslimischer Architektur in Spanien. Nachdem das kleine quadratische Gebäude in eine Kirche umgewandelt wurde, bekam es einen Anbau im Mudéjarstil.

Am Rande der Judería reckt sich über der Iglesia de Santo Tomé der Mudéjarturm aus dem 14. Jahrhundert in den Himmel. Die Kirche beherbergt ein Meisterwerk, das »Begräbnis des Grafen Orgaz« von El Greco. Geboren wurde der bekannteste Künstler der Stadt 1541 als Domínikos Theotokópoulus auf Kreta, ab dem Jahr 1577 lebte und arbeitete er in Toledo. Hier entstanden die meisten seiner Gemälde mit den charakteristischen langgezogenen Figuren. Nach seinem Tod 1614 geriet er schnell in Vergessenheit. Erst Mitte des 19. Jahrhunderts wurde er wiederentdeckt und erlangte bald Berühmtheit. In seinem Sterbehaus, Casa y Museo El Greco, hängen 20 Originalgemälde wie die »Tränen des Petrus« und die legendäre Ansicht von Toledo.

Auf den Spuren Don Quijotes

Auch ein anderer berühmter Spanier lebte in der Stadt: Miguel de Cervantes (1547–1616), der Autor von »Don Quijote de la Mancha«. Im Stadtzentrum steht eine Statue des Schriftstellers. Hier soll er die Geschichte des »Ritters von der traurigen Gestalt« vor mehr als 400 Jahren verfasst haben. Toledo wird im Buch sogar erwähnt. Cervantes schreibt, dass der Erzähler auf dem Marktplatz Alcaná in Toledo einen Jungen traf, der einem Seidenhändler Papiere verkaufen wollte. Stattdessen kaufte er sie und ließ sich die arabischen Texte übersetzen. Es war die »Geschichte des Junkers Don Quijote von der Mancha, geschrieben von Sidi Hamét Benengelí, einem arabischen Geschichtsschreiber«. Cervantes schickte Don Quijote in verrosteter Ritterrüstung zusammen mit seinem treuen Gefährten Sancho Panza und seinem klapprigen Pferd Rosinante los, um gegen das Unrecht zu kämpfen. Ihre Heimat ist die Gegend oder vielmehr der karge Landstrich südlich von Toledo, Kastilien-»La Mancha«. Rund 60 Kilometer entfernt liegt das Städtchen Consuegra. Hier taucht sie auf einem Berg auf, die Gruppe der wohl berühmtesten Windmühlen der Literaturgeschichte – oder Riesen, wie Don Quijote in seinem Wahn dachte und sie im Galopp angriff.

↗ Don Quijotes Windmühlen gibt es noch. Cervantes setzte ihnen in Spanien ein literarisches Denkmal.
↖ Zu Volksfesten erscheinen die Menschen von Kastilien-La Mancha gerne in Tracht.
← Toledo ist die Hauptstadt der autonomen Region im Zentrum von Spanien.

INFO

MARZIPAN IN ALLEN FORMEN

Mandeln und Zucker – daraus besteht Marzipan. Das berühmteste stammt aus Lübeck und Toledo. In der spanischen Stadt erfanden es angeblich die Nonnen im Kloster San Clemente, als die Mauren die Stadt belagerten, Lebensmittel knapp wurden und lediglich diese beiden Zutaten übrig waren. Wahrscheinlicher ist aber, dass die Mauren die Süßigkeit mit hierherbrachten. Nichtsdestotrotz fertigen bis heute Nonnen das Mazapán de Toledo und verkaufen es direkt oder beliefern Cafés, so etwa das Café de las Monjas. In dessen Schaufenstern kann man Nonnen im Puppen-Format bei der Herstellung betrachten. Es werden in Toledo nur einheimische Mandeln verwendet und zusätzlich Honig, dafür wird etwas Zucker weggelassen. Das Traditionsunternehmen Confitería Santo Tomé stellt das Marzipan seit 1856 selbst her. Aus Marzipanmasse entstehen kleine Kunstwerke in unterschiedlichen Formen und Farben – das bekannteste ist ein Aal, oft mit Geleefrüchten verziert.

WEITERE INFORMATIONEN

turismo.toledo.es
turismocastillalamancha.es
toledoturismo.es
catedralprimada.es
toledomonumental.com

Aus Marzipanmasse werden verschiedene Figuren geformt, mit Eigelb bestrichen und im Ofen braun gebacken.

Bei den Castells geht es um weit mehr als Akrobatik. Kraft, Ausgeglichenheit, Mut und Vernunft spielen eine große Rolle beim Gelingen der Menschentürme.

DER OSTEN

Zwischen schrill und still – tolle Ziele von den Pyrenäen zum Mar Menor

32

FIGUERES – AUF DER SPUR DER AMEISEN

DIE BIZARRE WELT DES SALVADOR DALÍ

Der kleine Ort im Hinterland der Costa Brava ist trotz der vielen Besucher, die im Sommer nach Figueres kommen, beschaulich geblieben. In den Gassen der Altstadt kann man ungestört bummeln, das Teatre Dalí besuchen und all die anderen Museen entdecken.

Vor dem Bahnhof von Figueres weisen hilfsbereite Ameisen den Weg ins Stadtzentrum. Die mit den kleinen Insekten gekennzeichnete Ruta Dalí führt am Geburtshaus des Künstlers und dem Wohnhaus seiner Eltern vorbei zu den wichtigsten Sehenswürdigkeiten der Stadt. Der Weg endet am berühmten Teatre-Museu Dalí. Unterwegs trifft man an der Plaça del Gra auf den wohl beliebtesten Schutzheiligen Kataloniens, Sant Jordi. Muskulös und tapfer eilt er herbei, um den Drachen zu besiegen.

Das Theater in Figueres wurde im Spanischen Bürgerkrieg schwer beschädigt und stand lange Zeit leer. Der surrealistische Künstler Salvador Dalí fand, dieses Gebäude seiner Heimatstadt bildete den geeigneten Rahmen für die eigenen Werke. So begann schon in den 1960er-Jahren die Planung zum Umbau des Museums, das längst zum Hauptanziehungspunkt der Stadt geworden ist. Der Surrealist setzte sich damit selbst ein Denkmal. Die bizarren Felsen am Cap de Creus, der Blick auf die Bucht von Portlligat – die Landschaft rund um Figueres taucht in vielen seiner Werke auf. Nach dem Tod seiner geliebten Frau Gala verbrachte der exzentrische Künstler die letzten Jahre seines Lebens im Museum und wurde in der Krypta beigesetzt.

Kunst zieht Kunst an

Das Museu Dalí ist nicht das einzige Museum in Figueres. Neben dem Technik- und dem Spielzeugmuseum lohnt vor allem das Kunstmuseum einen Besuch. In den oberen Stockwerken des Museu de l'Empordà werden Werke katalanischer Künstler des 19. und 20. Jahrhunderts ausgestellt. Eine beeindruckende Skulptur des Bildhauers Miquel Blay nimmt einen zentralen Platz in der Mitte des Saales ein: »Eclosió«, die »erblühende Liebe«. Auf einer anderen Etage kann man die Himmelsbilder von Daniel Lleixà i Borràs bewundern, der sich 1975 im Empordà niederließ. Im Erdgeschoss finden wechselnde Ausstellungen zu Themen wie »Kunst im Exil« mit Kunstschaffenden, die vor dem Franco-Regime flüchten mussten, statt.

Rings um die Kirche Sant Pere herum soll die Stadt Figueres im Mittelalter entstanden sein. Nach einem Brand im Spanischen Bürgerkrieg und zahlreichen Umbauten sind vom ursprünglichen Gebäude aus dem 11. Jahrhundert nur noch Teile der ursprünglichen Kirche und einige Mauerreste erhalten geblieben. Neben dem auffällig roten Museum mit der großen Glaskuppel wirkt die kleine Kirche, in der Salvador Dalí getauft wurde, fast schon unscheinbar.

INFO

DALÍS ZWEITE HEIMAT

Um tiefer in die surrealistische Gedankenwelt Salvador Dalís einzutauchen, lohnt sich ein Abstecher nach Cadaqués. Das malerische Fischerdorf entwickelte sich nicht nur wegen seines exzentrischen Bewohners in den 1970er-Jahren zum Treffpunkt der Stars und Sternchen. Der Jetset ist zwar längst verschwunden, doch Charme und Glamour strahlt Cadaqués noch heute aus. In den hübschen Buchten kann man baden, an der Promenade spazieren und auf den Rutes de Cadaqués die verschiedenen Facetten des Küstenorts kennenlernen. Kinder stöbern bei einer Schatzsuche die geheimen Verstecke von Piraten auf, Naturliebhaber entdecken endemische Pflanzen und seltene Gesteine am Cap de Creus, und ganz nebenbei erfährt man private Anekdoten, die sich die Einheimischen über den berühmten Surrealisten erzählen. Gestorben ist Dalí am 23. Januar 1989 in seinem Heimatort Figueres.

WEITERE INFORMATIONEN

Rutes de Cadaqués, rutescadaques.com/de
Infos zu den Dalí-Museen, salvador-dali.org/en
Website Figueres, turismefigueres.com/en

↖ Eier auf dem Dach und Brot an der Wand – schon die Fassade des Dalí-Museums ist ungewöhnlich.
↑ Blick auf das malerische Cadaqués

33

BANYOLES – KLEINER ORT AM GROSSEN SEE

DER SCHATZ AUS DER STEINZEIT

Am Rande eines malerischen Sees liegt Banyoles. Obwohl der Ort beschaulich wirkt, birgt er wahrhaft revolutionäre, sensationelle und abenteuerliche Geschichten. Will man einem katalanischen Kinderlied Glauben schenken, dann soll in den Tiefen des Sees sogar ein Ungeheuer hausen.

Blau, Grün oder Weiß – das Wasser des Estany de Banyoles leuchtet in ganz unterschiedlichen Farben. Von unterirdischen Quellen gespeist, inspiriert der See die Menschen schon seit Jahrhunderten zu Liedern und Geschichten. Einer solchen Sage nach soll das *Monstre de Banyoles* in den Tiefen des Sees hausen. Gefahr droht den Ruderbooten, die gemächlich über das Wasser ziehen, allerdings nicht. Sowohl auf dem See als auch am Ufer geht es friedlich zu. Das malerische Gewässer ist für die meisten Besucher der wichtigste Grund, den kleinen Ort abseits der Küste zu erkunden. Wer gerade nicht mit einem Boot oder Kajak paddelt, der spaziert eine Runde um den Estany herum oder hüpft an den Banys Vells oder der kastenförmigen Casa de Fusta zum Baden ins kühle Nass.

Klebstoff aus der Steinzeit

1992 fanden die Ruderwettkämpfe der Olympischen Spiele in Banyoles statt. Noch während der Bauarbeiten stieß man am Ufer auf merkwürdig verzierte Keramikscherben. Eilig wurden Archäologen herbeigerufen, die die Scherben sogleich datierten und auf eine mögliche Besiedlung der Gegend hinwiesen. Man richtete eine Ausgrabungsstelle ein. Bei der ausführlichen Untersuchung des Untergrunds kam prompt eine 7400 Jahre alte Siedlung zum Vorschein. Unter dem Wasser des Sees luftdicht verschlossen, hatten die Überreste des Dorfs Jahrtausende überlebt. Neben den Hütten fanden die Forscher diverse Werkzeuge, Seile, Körbe, Samen und Getreide. Die Sensation war eine hölzerne Sichel, an der mittels eines Klebstoffs aus Baumharz und Honig ein Feuerstein befestigt war. Normalerweise zersetzen sich Holz und Pflanzenfasern an der Luft sehr schnell. Ein Fund wie diese 7000 Jahre alte Sichel war also eine archäologische Sensation. Ein wahrer Schatz hatte da im Schlamm geschlummert. Aus all den Knoten, Klebstoffen und Pfeilspitzen, die bei der Ausgrabung ans Tageslicht kamen, konnten viele neue Erkenntnisse über die Lebensweise der Menschen in der Jungsteinzeit gewonnen werden. Noch immer wird in La Draga gearbeitet, so umfangreich war die Siedlung, die man 1990 entdeckt hatte. Bei den Führungen durch die originalgetreu nachgebauten Hütten erfahren Interessierte, wie die Werkzeuge funktionierten und wie die Menschen dort lebten.

Säbelzahntiger im Pia Almoina

Die Originale der gefundenen Werkzeuge befinden sich im Museu Arqueològic de Banyoles. Schon das gotische Gebäude ist ein wahres Prachtstück. Kein Wunder, dass die

→ Originalgetreu nachgebaute Hütten der archäologischen Ausgrabungsstätte La Draga

Leute sogar zum Heiraten hierherkommen! Im Mittelalter befand sich in diesen Mauern eine Bäckerei. Die alten Backöfen kann man heute noch sehen. Später verteilte die Wohlfahrtsorganisation Pia Almoina von hier aus Brot und Kleidung an arme Familien der Stadt. Der Name Pia Almoina blieb auch dann noch bestehen, als in den 1930er-Jahren die ersten archäologischen Ausstellungsstücke hier einzogen und den Grundstock für die Sammlung des heutigen Museums legten. Zu seinen bedeutendsten Schätzen gehört die *Falç de la Draga,* die Sichel, die bei den Ausgrabungen am Seeufer gefunden wurde. Darüber hinaus gibt es riesige Skelette, Knochen von Elefanten und Nilpferden zu sehen. In den Vitrinen kann man ein 43 000 Jahre altes Meereskrokodil und den Schädel eines Säbelzahntigers bestaunen. Gut erhalten ruht der Kopf der prähistorischen Wildkatze auf einem Samtkissen. Die langen Eckzähne sind wirklich beeindruckend.

Im Monestir Sant Esteve kam es an einem ruhigen Januarmorgen 1980 zu einem unglaublichen Diebstahl. Bis zu jenem verhängnisvollen Tag befand sich die Arqueta de Sant Martirià, ein Reliquienschrein aus dem 15. Jahrhundert, frei zugänglich in der Klosterkirche. Der Schrein selbst war zu schwer, um ihn mitgehen zu lassen, doch die kleinen Figuren ließen sich leicht abmontieren. Der Dieb schnappte sich die Heiligen und verschwand ungesehen. Von den insgesamt 29 Heiligen sind 23 wieder an ihrem Platz, und der Kunsträuber konnte dingfest gemacht werden.

Eisenhart und federleicht

An einem kleinen Kanal am Rande der Stadt liegt eine Mühle aus dem 17. Jahrhundert. Die Eisenschmiede nutzten die Hanglage, um dank der leichten Neigung des Geländes die Wassermühle zu betreiben, die die Energie für den Schmiedehammer lieferte. Im 19. Jahrhundert erweiterte man die Schmiede, *la Farga,* um ein Gebäude für die Papiermacher. Auch sie waren auf das Wasser des Kanals angewiesen. Neben der Mühle sind noch die Reste einer Apparatur zu sehen, in der alle Arten von alten Lumpen und Textilien eingeweicht wurden, um daraus Papier herzustellen. Eine Zeit lang existierten die beiden Werkstätten nebeneinander. Beim Anblick des dicken Schmiedehammers und der verfallenen Brennöfen kann man sich lebhaft vorstellen, welche Knochenarbeit es gewesen sein muss, bei höllischer Hitze und Lärm das Eisen zu schmieden. Heute schöpfen die Papiermacher in der Molí de la Farga ganz ohne störenden Lärm ihre blütenweißen Blätter. Dank der vielen Fenster in der oberen Etage trocknen die großen Bögen gleichmäßig an der Luft. Fast zu schön, um etwas darauf zu schreiben, ist das Papier mit eingearbeiteten Pflanzensamen. Wenn man es ins Wasser legt, sprießen Tomatensträucher, Rucola oder andere Grünpflanzen. Als Grundmaterial des produzierten Papiers dient hier nicht nur Holz. Die Sastres Paperers schöpfen ihr Papier auch aus Baumwolle, Jute, alten Jeans und anderen Textilien.

↗ Ein Sommertag am Estany de Banyoles. Der See ist bis zu 45 Meter tief.
↖ Frischgeschöpfte Bögen Papier hängen in der Papiermühle zum Trocknen.
← Das Gebiss eines Säbelzahntigers im Archäologischen Museum Banyoles

INFO

INTERAKTIVE ANTIKE

Spannend ist der Besuch einer römischen Villa in der Nähe von Banyoles. Die Überreste der alten Mauern erwachen zum Leben, wenn sich die Besucher mit dem Tablet auf den Weg durch die Villa Vilauba machen. Beim Schwenken des Bildschirms erscheinen Säulen, Mauern und Malereien, die alten Räume werden lebendig. Eine 3D-Animation erklärt anschaulich, wer hier lebte und wie dieses römische Landgut funktionierte. Obwohl der Hausherr die meiste Zeit des Jahres vermutlich im nahe gelegenen Gerunda verbrachte, war sein Landhaus luxuriös eingerichtet. Wenn er auf seinem Gut vorbeikam, um die Arbeit der Sklaven zu beaufsichtigen, sollte es ihm an nichts fehlen. Da in der Ausgrabungsstätte regelmäßig gearbeitet wird, muss man sich im Museu Arqueològic anmelden, um die römische Villa zu erkunden.

WEITERE INFORMATIONEN

Villa Vilauba,
arqueoxarxa.cat/Jaciments/Vil-la-Romana-de-Vilauba-Vilauba
Museus de Banyoles,
museusdebanyoles.cat
Sastres Paperers (Papierschneider),
sastrespaperers.com/cat
Tourismusbüro,
turisme.banyoles.cat/en-us
La Draga – Parc neolític, 17820 Banyoles, visitmuseum.gencat.cat/es

Nicht nur für die Kleinen sehr spannend ist eine Besichtigung mit Tablet.

34

GIRONA – IM HINTERLAND DER COSTA BRAVA

DIE UNBEKANNTE SCHÖNHEIT

Bei einem Spaziergang durch die mittelalterlichen Gassen der Altstadt stößt man auf erstaunliche Überbleibsel der Geschichte. Für »Game of Thrones« verwandelte Girona sich sogar in Bravoos und Königsmund, denn das historische Zentrum diente tagelang als Drehort der Serie.

Auf dem Hügel, auf dem sich heute die Kathedrale von Girona erhebt, hatten schon die Römer einen Tempel errichtet. Aus der ersten christlichen Kirche entwickelte sich im Laufe der Zeit die Catedral de Santa Maria de Girona. Ihre Bauzeit zog sich über viele Jahrhunderte hin, sodass in dem heutigen Gebäude neben romanischen und gotischen auch barocke Elemente zu finden sind. Die sich kreuzenden Bögen der 34 Meter hohen Decke des Kirchenschiffs und die beeindruckende Breite von 23 Metern vermitteln ein Gefühl von Weite. Doch es sind nicht die Maße, sondern die vielen kleinen Ungereimtheiten, die diese Kathedrale zu etwas Besonderem machen.

Wer aufmerksam hinsieht, entdeckt an einer der Seitenwände einen kleinen steinernen Falken, der zu Ramon Berenguer II., dem Grafen von Barcelona, gehörte, dessen Sarkophag sich nur wenige Meter weiter befindet. Angeblich soll der treue Falke dem Grafen, der von seinem Bruder ermordet worden war, bis in die Kathedrale gefolgt und erst hier tot zu Boden gefallen sein. In einer Kapelle auf der gegenüberliegenden Seite der Kirche ruht Ermessenda von Carcassonne, eine mächtige Frau des frühen Mittelalters, die viele Jahrzehnte lang die Geschicke der katalanischen Grafschaften lenkte. Zunächst herrschte sie an der Seite ihres Mannes, dann gemeinsam mit ihrem Sohn und schließlich mit ihrem Enkel Ramon Berenguer I. Außer einem arabischen Schrein und dem Schöpfungsteppich aus dem 11. Jahrhundert sind da auch noch die Legenden über die Fliegen, von denen es in Girona nur so wimmelt, sowie die Verehrung, die Karl dem Großen in Girona zuteil wird.

← Viele der mittelalterlichen, engen Gassen des jüdischen Viertels sind in Girona bis heute erhalten geblieben.

Badekultur durch die Jahrhunderte

In dem kleinen unterirdischen Becken schimmert Wasser. Hinter dem Museum der jüdischen Geschichte befand sich die letzte Mikwe Gironas, das Becken, in dem jüdische Frauen ihr rituelles Bad nahmen. Eingerichtet wurde sie kurz vor der endgültigen Vertreibung der Menschen jüdischen Glaubens aus Spanien. Den Zugang zur großen Synagoge und der daneben liegenden Mikwe hatte man ihnen bereits verwehrt. Da eine jüdische Gemeinde nicht ohne rituelle Reinigung, die Grundlage des religiösen Lebens, bestehen kann, musste eine neue, provisorische Mikwe her.

Das Museum gibt Einblicke in den Alltag der jüdischen Einwohner Gironas und zeigt ihren bedeutenden Anteil an der wirtschaftlichen und kulturellen Entwicklung der Stadt. Dank der namhaften jüdischen Schule wurde Girona zu einem Treffpunkt der Philosophen, Dichter, Ärzte und Ge-

← Farbenfrohe Darstellung im modernen Museu d'Història dels Jueus
↙ Die moderne Therme Aquas Banys Romans erinnert an die römische Vergangenheit der Stadt.
↘ Die beliebteste Brücke Gironas ist vermutlich die rote Eisenbrücke über den Onyar.

lehrten. Die Straßenzüge rund um das heutige Museum nannte man im Mittelalter *el Call,* das jüdische Viertel. Die alten Mauern stehen fast noch genauso wie zu der Zeit, als die Mehrheit der jüdischen Familien hier lebte. Stumme Zeugen der Vergangenheit sind Inschriften auf Steinblöcken und kleine Einkerbungen an den Hauseingängen.

Die sogenannten arabischen Bäder entstanden erst im 12. Jahrhundert, lange nachdem die Mauren die kleine Stadt für kurze Zeit regierten. Keine 70 Jahre dauerte die muslimische Herrschaft, zu kurz, um einen nachhaltigen Eindruck zu hinterlassen. Der Name *Banys Arabs* ist eher auf die Idee der Badeanlage bezogen, die die Christen des Mittelalters vor allem aus dem nordafrikanischen Raum kannten. Die Bäder wurden von Angehörigen aller Religionen genutzt, wenn auch zu unterschiedlichen Zeiten. Im späten Mittelalter gehörten die Räume zu einem Kapuzinerkloster. Hier kochten die Mönche und wuschen ihre Wäsche. Erst zu Beginn des 20. Jahrhunderts wurde die Therme restauriert und für Besucher zugänglich gemacht wurde. An eine ganz andere Badekultur knüpft eine Therme an, die sich an der Stelle befindet, an der einst eine römische Villa stand. Unterhalb der nagelneuen und funktionstüchtigen Anlage der Aqua Banys Romans verlief einst die Via Augusta, die von Rom ins heutige Tarragona führte. Beim Besuch dieser im römischen Stil errichteten Therme kann man sogar Teile der Ausgrabungen sehen.

Eine Brücke bringt Farbe

Die knallrote Pont de les Peixateries Velles über den Onyar gehört zu den schönsten Fotomotiven Gironas. Nach den Entwürfen des Büros von Gustave Eiffel errichtete man 1877 am ehemaligen Fischmarkt eine moderne Eisenbrücke. Eiffel, der später als »Zauberer des Eisens« bekannt und mit dem Bau des Turms in Paris weltberühmt werden sollte, entwarf die Brücke nicht persönlich. Doch die Pläne aus seinem Büro erinnern deutlich an die Werke des französischen Ingenieurs. Seine Konstruktionen wirken stets leicht, bestehen aus einem offenen Geflecht an Stäben, nutzen Schmiedeeisen statt Gusseisen und Nieten statt Schrauben. Diese innovative Art des Brückenbaus sparte damals viel Material, Zeit und Kosten.

Von der Eiffel-Brücke aus hat man einen wunderschönen Blick auf die bunten Häuser am Ufer des Onyar. Die Rückseiten der am Fluss errichteten Gebäude wurden in den 1980er-Jahren aufwendig restauriert und in den ursprünglichen Farben neu gestrichen. Doch die Fassaden sind mehr als nur hübsche Farbkleckse inmitten der Altstadt. Sie lassen die individuelle Entwicklung der Gebäude erkennen, die in ganz unterschiedlicher Höhe und Breite über dem Fluss zu schweben scheinen. Eines der Wohnhäuser kann man sogar besichtigen: Im Geburtshaus des neoklassizistischen Architekten Rafael Masó wurde ein Museum eingerichtet, das einen Einblick in das Leben zu Beginn des letzten Jahrhunderts und einen Ausblick auf den Fluss erlaubt.

INFO

SPORTLICH UNTERWEGS

In Girona starten gleich zwei der *Vies Verdes*, der »grünen Radwege«, die entlang ehemaliger Bahntrassen eingerichtet wurden. Einst transportierten kleine Züge Holz, Kohle und Keramik aus abgelegenen Gebieten an die Küste, nach Sant Feliu de Guíxols, wo das Material im Hafen verschifft wurde. Während *Carrilet I* von Girona in Richtung Pyrenäen bis nach Olot führt, radelt man auf dem *Carrilet II* gemütlich an die Costa Brava. Echte Biker und alle, die gern sportlich unterwegs sind, können sogar eine mehrtägige Fahrradrundreise einplanen. Die *Pirinexus* verbindet *Vies Verdes* und andere Radstrecken auf beiden Seiten der Pyrenäen. Höhepunkt der 350 Kilometer langen Strecke ist der 1513 Meter hohe Col d'Ares.

WEITERE INFORMATIONEN

Kathedrale von Girona, catedraldegirona.cat
Museu d'Història dels Jueus, girona.cat
Aqva Banys Romans, aqvabanysvells.com
Casa Masó, rafaelmaso.girona.cat
Radwege rund um Girona, viesverdes.cat/en/routes/pirinexus
Banys Arabs, banysarabs.cat
Einen tollen Einblick in die Stadtgeschichte gibt das Museu d'Història de Girona, girona.cat/turisme/esp/museus_historia.php

Rund um Girona gibt es ein breites Angebot an Fahrradwegen wie die Vies Verdes oder die Route Pirinexus, die sogar über die Pyrenäen führt.

35

OLOT – IN DEN GRÜNEN HÜGELN DER GARROTXA

EIN HEISSES PFLASTER

Das beschauliche Städtchen Olot schmiegt sich mit seinen Häusern und Straßen eng an die grünen Hügel. Unter jedem von ihnen steckt ein schlafender Vulkan wie der Volcà de la Garrinada, der Montolivet oder der Montsacopa. Es gibt keinen besseren Ort, um die feuerspeienden Berge zu erkunden.

Olot liegt abseits der belebten Küste im ruhigen Hinterland. Von den grünen Hügeln der Garrotxa ist der Weg in die Pyrenäen nicht weit. In einem warmen Rotton leuchtet die modernistische Casa Gaietà Vila direkt gegenüber der Kirche Sant Esteve. Nur wenige Straßen weiter hebt sich die elegante Casa Solà Morales von den benachbarten Gebäuden ab. Die fein gearbeiteten Skulpturen ihrer Fassade sind das Werk des Bildhauers Eusebi Arnaus, der mit Stararchitekten wie Domènech i Montaner, von dem auch der Palau de la Música in Barcelona stammt, zusammenarbeitete.

Für Schleckermäulchen lohnt sich ein Besuch in der traditionellen Xocolateria Ferrer. Seit 1907 werden hier Kuchen und feinstes Gebäck hergestellt. Sohn Jordi, der den Betrieb von seinen Eltern übernahm, ist Chocolatier und verkauft seine künstlerischen Kreationen in einem modernen Schokoparadies gleich neben dem charmanten Altbau.

Vulkane in tiefem Schlaf

In der Hauptstadt der Garrotxa liegen die Vulkane schlafend unter Sträuchern und Bäumen verborgen. Seit Jahrtausenden ist Gras über die Feuer speienden Berge gewachsen. Zu Füßen des Vulkans Montsacopa befindet sich das nagelneue Museum Espai Crater. Mit interaktiven Paneelen und Spielen erklärt das 2022 eröffnete Haus anschaulich die Welt der glühenden Lavaströme. Auf dem Montsacopa führt ein Rundweg um den Krater herum. Wo einst die Lava emporschoss, wächst heute saftiges Gras. Von dort aus schweift der Blick bis zu den Pyrenäen, die zum Greifen nah scheinen. Aus den Steinen einer zerstörten Festung errichtete man im 17. Jahrhundert die Kapelle Sant Francesc de Padua, die heute einsam und still über die Stadt wacht.

Die beste Sicht aufs Kirchlein und die versunkene Welt der Vulkane hat man natürlich von oben. Bei einer Fahrt im Heißluftballon zeichnen sich die Krater deutlich in der Landschaft ab. Einige der Vulkane wurden als Steinbrüche genutzt und erinnern an eine Torte, bei der ein Stück fehlt. Andere liegen unter einer grünen Decke verborgen und haben bis heute ihre Form bewahrt. Mitten im Vulkan Santa Margarida erkennt man eine kleine romanische Kirche, die vor vielen Jahrhunderten in den Krater hinein gebaut wurde. Hoch über den Wipfeln der Bäume stoßen die Ballonfahrer mit einem Gläschen Cava an. Nach der geglückten Landung stärken sich alle bei einem deftigen Frühstück mit weißen Bohnen aus Santa Pau, der Spezialität der Garrotxa.

INFO

ECHTE NATURPRODUKTE

Die Garrotxa ist eines der schönsten Wandergebiete der Provinz Girona. An vielen Stellen, wie in Sant Joan les Fonts oder in Castellfollit, sind die erstarrten Lavaströme noch deutlich zu erkennen. Auf vielen der gekennzeichneten Wanderwege kann man das Innenleben der Vulkane entdecken. Inmitten des stillen Buchenhains La Fageda d'en Jordà wurde vor vielen Jahren ein ganz besonderes Projekt ins Leben gerufen. In der Ruhe und Abgeschiedenheit der Natur entstand ein Ort, an dem Menschen mit unterschiedlichen Behinderungen sehr erfolgreich Joghurt, Eis und Marmelade herstellen. Die sozial nachhaltige Molkerei und Kooperative La Fageda kann man besichtigen – es gibt auch Führungen auf Englisch.

WEITERE INFORMATIONEN

Geführte Wanderungen (Englisch), trescalia.com/propostes
Vulkanmuseum Espai Crater, espaicrater.olot.cat
La Fageda Cooperativa, lafageda.com
Xocolateria und Pastisseria Ferrer, pastisseriaferrer.cat/l-espai

← Eingebettet in eine Landschaft schlafender Vulkane liegt das Städtchen Olot.
↑ Seit mehr als 100 Jahren werden in der Xocolateria Ferrer Gebäck und Schokolade verkauft.

36

PALAFRUGELL – DREI BUCHTEN UND EIN LEUCHTTURM

SCHMUGGLERWEGE AN DER KÜSTE

Die malerischen Buchten von Calella, Llafranc und Tamariu gehören zu Palafrugell, das im Hinterland der Costa Brava liegt. Verbunden sind die hübschen Küstenorte durch alte Schmugglerpfade, die sich perfekt für Wanderungen eignen: die Camíns de Ronda.

Bei einem Bummel durch Palafrugell stößt man auf nette kleine Läden wie den des Korbmachers, auf ein modernes Kunstmuseum und das Museu del Suro, ein Ausstellungshaus, das sich einzig und allein dem Kork widmet. An den katalanischen Heimatdichter Josep Pla erinnert ein Museum unweit des Zentrums. Lange Zeit spielte Palafrugell eine wichtige Rolle bei der Herstellung von Flaschenkorken. Auch heute noch kann man in der Region des Empordà viele Korkeichen am Wegesrand wachsen sehen. Diese »geschälten« Bäume sind schnell zu erkennen. Acht bis zwölf Jahre brauchen sie, bis ihre Rinde dick genug ist, um »geerntet« zu werden. Aus dem Naturprodukt werden die bekannten Verschlüsse für Wein- und Sektflaschen hergestellt.

Wo die Korken wachsen

Jahrzehntelang war die französische Champagne eine der Hauptabnehmerinnen des Korks aus Palafrugell, denn für gute Schaumweine brauchte man gute Korken. Doch mit der Erfindung des Plastiks kam der Niedergang des Korks. In einem Teil der ehemaligen Fabrikhalle ist heute ein Museum eingerichtet, das die Geschichte der Korkindustrie erzählt und dieses fantastische Material mit seinen nützlichen Eigenschaften wieder in den Fokus rückt. Direkt gegenüber des Museu del Suro befindet sich ein modernes Kunstmuseum, das Museu Can Mario, das die Werke zeitgenössischer katalanischer Kunstschaffender zeigt.

Bevor eine moderne Straße die kleinen Siedlungen an der Küste verband, in denen die Fischer ihre Hütten errichtet hatten, gab es nur schmale Pfade, die von einer Bucht zur nächsten führten. Während früher Fischer und Schmuggler diese Wege nutzten, trifft man heute auf den Camíns de Ronda Wanderer, die zwischen Calella, Llafranc und Tamariu hin- und herspazieren. Malerisch an der Küste gelegen, verläuft entlang der alten Schmugglerpfade der Fernwanderweg GR92, die Wellen und das Meer stets im Blick.

Die beste Aussicht hat man vom Hügel San Sebastià de Guarda zwischen Llafranc und Tamariu aus. Neben dem Leuchtturm, dem Far de San Sebastià, erhebt sich dort ein alter Festungsturm, von dem aus man weite Teile der Küste überblickt. Dank dieser Wachtürme, die im Mittelalter überall entlang der Costa Brava errichtet wurden, konnte man Piratenschiffe schon von Weitem erkennen und die Bevölkerung rechtzeitig vor einem Angriff in Sicherheit bringen. Vermutlich waren der Ausblick und die strategisch günstige Lage auch der Grund, warum sich ein Stamm der Iberer lange vor der Ankunft der Römer hier niederließ. Überreste ehemaliger iberischer Siedlungen kann man

→ Der Camí de Ronda führt durch die Buchten von Calella de Palafrugell bis Llafranc.

nicht nur hier bewundern. Beeindruckende Ruinen und ein Museum dieser längst verschwundenen Kultur finden sich auch in Ullastret und Lloret de Mar.

Die Liebenden vom Cap Roig

Im Botanischen Garten Palafrugells steht eine mittelalterlich anmutende Burg. Doch das romantisch scheinende Gebäude wurde erst zu Beginn des letzten Jahrhunderts errichtet, als ein ungewöhnliches Liebespaar dieses wunderschöne Fleckchen Erde erwarb. Nikolai war ein russischer Adeliger, von dem es heißt, er sei mit der Zarenfamilie verwandt gewesen. In seinem Londoner Exil verliebte er sich in Dorothy, eine emanzipierte junge Frau der englischen Gesellschaft. Die Dame erwiderte zwar die Gefühle des Russen, doch leider waren beide verheiratet. Also suchte das ungleiche Paar ein abgelegenes Plätzchen, um der Klatschsucht der Londoner High Society zu entfliehen. So kamen der russische Aristokrat und die schillernde Lady erstmals 1927 nach Palafrugell. Das Kap der roten Felsen gefiel ihnen auf Anhieb. Bald schon schmiedeten sie Pläne, sich in der wilden Natur dieser Küste für immer niederzulassen.

Nur ein Jahr später heiratete das glamouröse Pärchen. Dorothy legte einen botanischen Garten an, und Nikolai war besessen von dem Wunsch, eine eigene Burg zu besitzen. Die Fertigstellung seines Kastells erlebte er nicht mehr. In einem abgelegenen Teil des Caps liegt die letzte Ruhestätte des ungewöhnlichen Liebespaars. Obwohl Dorothy Engländerin war, nennen die Einheimischen die kleine Bucht, in der die exotische Lady jeden Morgen schwamm, bis heute die »Badewanne der Russin«.

Stachelige Spezialität

Im Winter stehen Seeigel auf den Speisekarten der Restaurants. Früher sammelten die Menschen Seeigel im flachen Wasser ein, brachen sie auf und stippten ihr Brot hinein. Sie galten als eine Delikatesse, die sich auch die Ärmsten leisten konnten; Seeigel verliehen selbst dem trockensten Brot ein wenig Geschmack. *Garoines,* wie die Seeigel in Palafrugell genannt werden, gibt es in ganz unterschiedlichen Farben. Die Nuancen reichen von diversen Lilatönen über Schwarz bis hin zu bräunlichen Nuancen. Um sie zu essen, werden die Seeigel mit einer Art Guillotine in der Mitte zerteilt. Innen sind sie hohl und fast leer, denn ein Seeigel besteht kaum aus Masse, noch weniger als das Innenleben einer Muschel, und viel Meerwasser. Um satt zu werden, muss man schon eine ganze Menge *Garoines* verspeisen. Zu den zahlreichen Aktivitäten, die in Palafrugell rund um das Thema *Garoines* veranstaltet werden, gehören neben besonderen *Garoina*-Menüs der Restaurants und einer Hikingroute auch eine Bootstour mit Seeigel-Verkostung. Auf einem Segelschiff serviert der Kapitän die stacheligen Meeresbewohner stilgerecht mit Brot und Wein – und einem tollen Ausblick auf die wilde Küste.

↗ Der Leuchtturm San Sebastià, zwischen den Buchten von Llafranc und Tamariu, bei Sonnenuntergang
↖ An der Platja de les Barques liegen bunte Fischerboote im Sand.
← Einladende Terrasse im Hauptort Palafrugell

INFO

FEIN SPEISEN

Das »Haus am Meer« hat es in sich. Als Quim Casellas gemeinsam mit seiner Schwester Maria vor über zwanzig Jahren das kleine Familienhotel Casamar übernahm, kochte er zunächst nur für Hotelgäste. Doch schon nach wenigen Jahren wurde das Engagement des sympathischen Küchenchefs mit einem Eintrag im roten Büchlein der Feinschmecker und dem ersten Michelinstern belohnt. Für die Zubereitung seiner köstlichen Kreationen arbeitet Quim fast ausschließlich mit regionalen Produkten, viele davon sogar aus dem eigenen Garten. Dass der Maestro die Qualität beibehält, belegt die Tatsache, dass er seit mehr als zehn Jahren auf Sterneniveau kocht. Eine vorherige Reservierung ist unabdingbar – zur Hauptsaison im Juli und August täglich außer Montag, außerhalb der Hauptreisezeit ist auch dienstags geschlossen. Nach den Tafelfreuden im Restaurant kann man in den Zimmern des kleinen Hotels in aller Ruhe den Blick aufs Meer genießen.

WEITERE INFORMATIONEN

Hotel und Restaurant Casamar
Llafranc, hotelcasamar.net/en
Wandern an der Costa Brava,
walking-costabrava.com oder
costabravawalks.com/en
Musikfestival Cap Roig im Botanischen Garten, caproigfestival.com

Erizos de mar heißen Seeigel auf Spanisch, nur in Palafrugell nennt man sie *Garoines.*

In die Reihe traumhafter Buchten fügt sich der Strand von Calella de Palafrugell nahtlos ein.

37

VIC – DIE ZWEIGETEILTE STADT

AUF DER SUCHE NACH DEM URSPRUNG

Heute schlägt das Herz der Stadt auf der Plaça Major. Doch Vic blickt auf eine bewegte Geschichte zurück. Noch im Mittelalter war der Ort geteilt, denn bis ins 14. Jahrhundert gehörte die Unterstadt dem Bischof, während auf der Burg die Familie der Moncadas herrschte.

Bunte Bürgerhäuser reihen sich um die Plaça Major, den großen Marktplatz im Herzen der Stadt. Farbenfrohe Fassaden mit hübschen Arkaden leuchten in der Sonne. Es sind jedoch nicht die Gebäude, die diesen Platz besonders machen, sondern der sandige Boden. Für den Markt und die Stierläufe, die hier gefeiert wurden, war der natürliche Belag von Vorteil. Iberische Stämme siedelten hier bereits, lange bevor sich die ersten römischen Soldaten an dieser Stelle niederließen. Aus der römischen Stadt Auso hat ein kleiner Tempel bis in unsere heutige Zeit überdauert. Inmitten der Altstadt, am höchsten Punkt der einstigen Siedlung, ragen die beeindruckenden Säulen noch immer in den Himmel. Von diesem Hügel aus entwickelte sich das mittelalterliche Vic. Nach der Zerstörung der Stadt durch maurische Truppen, die bis ins 8. Jahrhundert große Teile der Iberischen Halbinsel beherrschten, recycelten christliche Burgherren die alte römische Anlage beim Bau einer neuen Festung.

Ungeahnte Werte

Er gründete bedeutende Klöster und förderte schon im 11. Jahrhundert Kunst und Bildung in den katalanischen Grafschaften: Abat Oliba war Bischof von Vic und gilt bis heute als kultureller Vater Kataloniens. Er trug dazu bei, dass sich von hier aus Wissenschaften wie Mathematik, Astronomie und Musik in ganz Europa verbreiten konnten. Hinter einer Statue des Abts erhebt sich das moderne Museu Episcopal, das sich klug und unauffällig an seine Umgebung in der Altstadt anpasst: Das Gebäude wurde so konzipiert, dass die Kunstschätze, die es beherbergt, optimal zur Geltung kommen. In den neuen Räumen erstrahlen alte Gemälde und riesige Altäre in ihrer ganzen Pracht. Angelegt wurde die Sammlung romanischer Kunst bereits gegen Ende des 19. Jahrhunderts, um den Ausverkauf wertvoller Kulturgüter zu stoppen. Viel zu oft waren die Gemeinden einsam gelegener Bergdörfer sich des Werts ihrer Kunstwerke nicht bewusst und versuchten, »alte« Statuen und Gemälde zu verkaufen, um ein kaputtes Kirchendach zu reparieren. Hinter der Fassade der Kathedrale erwartet die Besucher eine Überraschung. Keine bunten Wandmalereien, goldene Engel oder barocker Prunk, sondern ausdrucksstarke Bilder in warmen Sepiatönen bedecken die hohen Wände. Das Leid der Menschen durch Krieg und Blutvergießen in Grau, Schwarz und Weiß beherrscht die Wände der Kathedrale. Die monochromen Darstellungen des Künstlers Josep Maria Sert sind von den Erfahrungen aus dem Spanischen Bürgerkrieg und dem Zweiten Weltkrieg geprägt.

INFO

WILDE WASSER

Unweit von Vic liegt das Dörfchen Tavertet am Rande des Gebirgszugs der Collsacabra. Von dort aus hat man einen unglaublichen Blick aufs Tal. Verschiedene Wanderwege führen zu spektakulären Aussichtspunkten wie dem Morro de l'Abella, von denen aus der Stausee von Sau gut zu erkennen ist. Nach einer längeren Trockenzeit ragt bei niedrigem Wasserpegel ein Kirchturm aus dem See und erinnert an den Ort, der 1962 im Stausee unterging. In der Nähe von Tavertet befinden sich das malerische Dorf Rupit i Pruit und ein beeindruckender Wasserfall. Mit 115 Metern gilt der Salt de Sallent als höchster Wasserfall Kataloniens. Um die Wassermassen in die Tiefe brausen zu sehen, sollte man allerdings im Winter kommen. In den trockenen Sommermonaten fließt hier nur ein Rinnsal.

WEITERE INFORMATIONEN

Museu Episcopal, museuepiscopalvic.com/es
Tour Vicpuntzero, Anmeldung Oficina de Turisme, vicpuntzero.cat/en
Wanderung, catalantrails.com
Touristeninformation in Vic, victurisme.cat

↖ Ballons starten auf der Plaça Major, dem Herzen der Stadt.
↑ Der beeindruckende Salt de Sallent, ein Wasserfall in der Nähe des Dorfs Rupit i Pruit

38

MATARÓ – INDUSTRIE UND KULTUR

SCHATZTRUHE DES MODERNISME

Trotz seiner breiten Strände ist Mataró kein verschlafenes Fischer- und Feriendorf, sondern eine lebendige, moderne Metropole mit industrieller Vergangenheit. Doch gerade die verleiht dem Küstenort seinen eigenwilligen Charme und macht Mataró zu einer Stadt, in der es viel zu entdecken gibt.

Als sich das Römische Reich unter Kaiser Augustus rund ums Mittelmeer ausbreitete, lag ein prächtiges Anwesen vor den Toren der Stadt Iluro, nicht weit von der Via Augusta entfernt. Mehrfarbige Mosaike zierten die Böden der prunkvollen Säle der Villa, die Wände waren dekorativ bemalt. Es gab Speisesäle, Büroräume, Lagerräume, eine Therme und Latrinen. In den Überresten des Landguts stießen die Archäologen auf mehrere Brennöfen für Amphoren, in denen die Würzsoße Garum und Wein transportiert wurde. Bis heute konnte nur ein kleiner Teil der Villa mit Meerblick freigelegt werden, denn die Ausgrabungsstelle befindet sich inmitten der Stadt Mataró. Der größte Teil des ehemaligen Landguts und zahlreiche archäologische Schätze liegen noch unterhalb der Straßen und Häuser verborgen.

Unbekannte Werke Gaudís

Während sich in Barcelona lange Schlangen vor den modernistischen Prachtbauten Antoni Gaudís bilden, kann man den katalanischen Jugendstil in Mataró noch ganz ohne Menschenmassen bewundern. Im ehemaligen Industriegebiet der Stadt steht das erste und einzige Gebäude, das der junge Architekt 1878 für eine Gewerkschaft entwickelte. Einige Jahre später konnten sich nur wohlhabende Industrielle die kostspieligen Paläste des Stararchitekten leisten. Für die Cooperativa La Obrera Mataronense, die Textilgewerkschaft Matarós, entwarf Antoni Gaudí mehrere Werkshallen und Fabrikgebäude, Wohnhäuser für die Familien der Arbeiter, eine Schule, eine Bibliothek und Gemeinschaftsräume. Von den utopischen Plänen des damals erst 26-jährigen Architekten wurden letztendlich nur das für Gaudí noch ungewohnt schnörkellose Gebäude zum Bleichen der Textilen und die Latrinen in die Realität umgesetzt.

Mit seinen acht Verkaufsständen ist El Rengle das Herzstück der bunten Altstadt. Das winzige, mit Kacheln dekorierte Marktgebäude stammt von Puig i Cadafalch, einem der bedeutendsten Architekten des Modernisme. Der Sohn der Stadt entwarf eindrucksvolle Gebäude wie das charmante Süßwarengeschäft La Confiança oder die Casa Coll i Regàs, bei der maurisch-iberische mit nordeuropäischen Einflüssen verschmelzen. In zahlreichen Details der Fassade spielt Puig i Cadafalch auf die Textilindustrie an, der sein Auftraggeber seinen Wohlstand zu verdanken hatte. Viele Ideen, die der Architekt hier in Mataró entwickelte, setzte er wenige Jahre später beim Bau der Casa Amatller in Barcelona um.

↙ Die Casa Coll i Regàs aus dem Jahr 1898 kann man ganz ohne Warteschlange besichtigen.
↓ Kleine Weingüter wie der Celler Can Roda gehören zum Weinanbaugebiet D.O. Alella.

INFO

EDLE TROPFEN

Spanien ist weltweit das Land mit der größten Weinanbaufläche. Während noch bis in die 1980er-Jahre vorwiegend einfache Tafelweine produziert wurden, stellen viele spanische Winzer inzwischen edle Spitzenweine her, die höchsten Qualitätsansprüchen genügen. Vor den Toren Barcelonas liegt das Weinanbaugebiet D.O. Alella, eines der kleineren, aber zugleich auch eines der ältesten Weinanbaugebiete der Iberischen Halbinsel. Schon die Römer ließen auf den Feldern zwischen Mataró und Barcelona tonnenweise süße Trauben wachsen, um daraus Wein herzustellen. Heute arbeiten die zwölf Weingüter der D.O. nachhaltig. Außer roten und weißen Weinen stellen sie Rosé, Cava und Likörweine her, organisieren Führungen, Picknicks, Verkostungen und Konzerte inmitten der Weinreben.

WEITERE INFORMATIONEN

Website D.O. Alella, doalella.com
Website Nau Gaudí, naugaudi.cat
Casa Coll i Regàs, casacolliregas.cat
Torre Llauder, geführte Besichtigungen nach Voranmeldung, culturamataro.cat

39

VALLS – VON WAGHALSIGEN MENSCHENTÜRMEN

WO DER BLICK GEN HIMMEL GEHT

Valls liegt abseits der üblichen Touristenpfade, doch der Ort ist alles andere als unscheinbar. Gerade seine ungeschminkte Echtheit macht Valls so sympathisch. Wer hier den Blick nach oben richtet, kann wahre Wunder erleben.

F*orça, Equilibri, Valor i Seny* – »Kraft, Ausgewogenheit, Mut und Vernunft«, lautet das Motto der Castellers, die sich wagemutig aufeinanderstapeln. Wenn so ein *Castell* in den Himmel wächst, richten sich alle Blicke staunend nach oben. Zu Beginn des 19. Jahrhunderts entstanden in Valls die Colla Jove und die Colla Vella, zwei Vereinigungen, deren Mitglieder bald schon immer höhere Menschentürme errichteten. Ihre Konstrukte sehen abenteuerlich aus, doch die *Castellers* wissen genau, was sie tun und trainieren regelmäßig. Der Aufbau der Menschenpyramiden erfordert Planung und viel Erfahrung. Das Wichtigste an dieser atemberaubenden Tradition ist jedoch nicht die Akrobatik, sondern es sind die Eigenschaften, die die *Castellers* zu dieser gemeinsamen Leistungen antreiben: Denn um die über zehn Meter hohen Türme zu bauen, braucht es gegenseitiges Vertrauen, Vernunft und auch eine Portion Mut. Jeder muss sich blind darauf verlassen können, dass niemand leichtsinnig wird, denn das könnte die ganze Gruppe gefährden. Gemeinsam sind sie stark, wenn alle Ruhe bewahren und aufeinander achtgeben.

Schätze zweier Art

Wenn es im Winter an der Zeit ist, die katalanischen Frühlingszwiebeln zu ernten, feiert man das in Valls mit einem großen Fest. Auf offenem Feuer werden die *Calçots* gegrillt. Die länglichen dünnen Zwiebelchen müssen mit geschickten Fingern geschält und in die Soße getunkt werden. Um möglichst wenig zu kleckern, legt man den Kopf am besten in den Nacken. Falls doch etwas danebengehen sollte, liegen zum Glück bei jeder *Calçotada* Servietten bereit.

Neben dem höchsten Glockenturm Kataloniens verbirgt Valls einen weiteren ungewöhnlichen Schatz. Die kleine Capella del Roser glänzt zwar nicht mit prunkvollen Retablen oder Fresken, doch dafür schmücken sie einzigartige bunte Kacheln aus dem 17. Jahrhundert. Die Wände zeigen die Seeschlacht von Lepanto, in der die Flotte der christlichen Allianz die osmanischen Schiffe besiegte. In einer Ecke des Bilds erkennt man außer den detailliert dargestellten Schiffen Maria mit dem Rosenkranz, *La Mare de Déu del Roser* und das Jesuskind, das aus dicken Backen einen stürmischen Wind herbeibläst. Dichte Rauchwolken und der Pulverdampf der donnernden Kanonen schweben über der osmanischen Flotte und vernebeln den Blick. Die Besatzung der Schiffe, die zur christlichen Allianz gehören, hat hingegen freie Sicht auf den Gegner und kann einen überraschenden Sieg davontragen.

INFO

286 MAL WERMUT

Lisard und seine Frau Esther betreiben einen winzigen Laden an der Plaça del Oli. In ihrem Magatzem del Vermut verkaufen sie eine erstaunlich große Auswahl des beliebten Aperitifs. Neben dem traditionellen Wermut aus Reus finden sich in den Regalen 286 verschiedene Marken aus aller Welt. Viele der klassischen Getränke und Utensilien, die hier angeboten werden, versetzen die erstaunten Kunden in die 1970er-Jahre. Esther und Lisard produzieren sogar ihren eigenen Wermut: Mit ausgewählten Zutaten aus der Region wird der Montseta nach einem Rezept des Großvaters hergestellt. Längst hätte das Paar den kleinen Laden vergrößern können. Die Nachfrage ist da. Doch sie entschieden sich, bei einer schmalen Produktion zu bleiben. Wenn sich im Mund die Aromen von Zimt und Kirschen ausbreiten, wird schnell klar, warum der Montseta schon diverse Preise gewonnen hat.

WEITERE INFORMATIONEN

Magatzem del Vermut, vermut.shop
Menschentürme, collavella.cat, collajoves.com
Món Casteller, museucasteller.cat

↖ Die Menschentürme der *Castellers* sind schon in ihrem Aufbau ein Wunderwerk des Zusammenhalts.
↑ Der Wermut, fertig zum Genuss

40

TARRAGONA – EIN OFFENES GESCHICHTSBUCH

STREIFZUG DURCH DAS KLEINE ROM

Römisch, mittelalterlich, modernistisch, klassisch oder zeitgenössisch – Tarragona hat viele unterschiedliche Gesichter. Wer die bunte Stadt in all ihren Facetten kennenlernen will, muss auf Türme hinauf und in Tunnel unter der Erde steigen.

So oft wie möglich spazieren die Menschen in Tarragona über die Rambla Nova zum Balcó del Mediterrani und lassen den Blick über das Meer schweifen. Die Berührung des Geländers soll Glück bringen, und der Blick auf das Fischerviertel ist bezaubernd. An der Rambla Nova finden sich modernistische Blickfänge wie das Teatre Metropol oder die Casa Salas. In den Gassen der Part Alta, der Altstadt Tarragonas, stößt man auf die Casa Ripoll, die ihre schönste Seite dem Meer zuwendet, oder auf das Mausoleum Jaume I. im Innenhof des Rathauses. Aus den Gassen erhebt sich die imposante Kathedrale aus dem 12. Jahrhundert. Doch das Herz der Stadt schlägt auf einem länglichen Platz vor dem Rathaus, auf dem alle wichtigen Ereignisse Tarragonas stattfinden. An der Plaça de la Font, die nach einem Brunnen am Ende des Platzes benannt wurde, reihen sich zahlreiche Bars und Restaurants aneinander.

Tarragonas römische Wurzeln

Früher oder später stolpert man in Tarragona unweigerlich über Ruinen aus der Zeit des römischen Imperiums. Tarraco, strategisch günstig gelegen, war die Hauptstadt der Provinz *Hispania citerior* und ein wichtiger Dreh- und Angelpunkt der Handelswege. Steigt man neben dem archäologischen Museum auf einen der Ecktürme des ehemaligen *Circ romà,* kann man den Blick auf die Stadt Tarragona und das Mittelmeer genießen. Doch hier geht es auch hinab in die Tiefe. Unterirdische Gewölbe und beeindruckende Tunnel führen unter dem römischen Circus hindurch zum Amphitheater, in dem einst Gladiatoren gegeneinander kämpften und wilde Tiere besiegen mussten. Die Überreste des restaurierten *Amfiteatre Romà* erheben sich vor einer malerischen Kulisse. Der Blick auf die jahrtausendealten Sitzreihen und das blaue Meer dahinter ist postkartenreif.

Bewegt man sich vom historischen Zentrum in Richtung Alte und Neue Rambla, gelangt man zum Forum. Inmitten moderner Wohnhäuser ragen korinthische Säulen in den Himmel. Auf dem Platz, der einst das religiöse und wirtschaftliche Zentrum der Stadt bildete, wurde sogar ein Stück der alten römischen Straße freigelegt. Nachdem man zwischen den Überresten des Forums umhergewandert ist, lässt man sich auf der Plaça del Forum einen Wermut mit Blick auf die alten Säulen schmecken. Nördlich von Tarragona steht ein eindrucksvolles Aquädukt, über das die Römer ihre Stadt mit Wasser versorgten. Heute heißt die jahrtausendealte Wasserleitung »Brücke des Teufels«, Pont del Diable.

← Malerisch liegt das alte römische Amphitheater direkt vor der Küste.
↓ Vom kleinen Dorf Mont-roig del Camp ist es nicht weit bis zur Finca Miró.

INFO

MIRÓS INSPIRATION

Nicht weit von Tarragona entfernt liegt ein kleines Dorf, Mont-roig del Camp. Hier verlebte der katalanische Künstler Joan Miró jedes Jahr die Sommermonate. Der kleine Bauernhof, den seine Eltern 1910 gekauft und zu ihrer Sommerresidenz gemacht hatten, diente dem Künstler in zahlreichen Werken als Motiv. Die Landschaft, die roten Felsen, die Natur und die Menschen faszinierten und inspirierten Miró ein Leben lang. »La Masia«, eines der bekanntesten Werke des Malers, zeigt unzählige Details des Landlebens, das Miró die Ruhe gab, die er für sein Schaffen brauchte. Er selbst sagte einmal, sein gesamtes Werk sei in Mont-roig konzipiert. Auf Reisen hat er angeblich sogar eine Schote des Johannisbrotbaums bei sich gehabt, der bis heute hinter dem Haupthaus der Mas Miró steht.

WEITERE INFORMATIONEN

Finca Mas Miró, masmiro.com
Tourismusamt, tarragonaturisme.cat/de
Jedes Jahr im Mai erwachen die antiken Ruinen beim mehrtägigen Kulturfestival Tarraco Viva (tarracoviva.com) zu neuem Leben.

41

REUS – HEIMAT DES JUGENDSTILS

GAUDÍ, MODERNISME UND WERMUT

Reus ist den meisten Urlaubern unbekannt, dabei ist die Kleinstadt im Süden Barcelonas ein echter Geheimtipp. Schöne, modernistische Gebäude und lauschige Plätze – ganz entspannt kann man hier durch die Straßen bummeln und den Aperitif genießen, für den Reus in ganz Spanien berühmt ist.

Der Architekt, von dessen Reißbrett die Sagrada Família und der Parc Güell stammen, wurde in Reus geboren. In Barcelona haben sich die Entwürfe Antoni Gaudí im Laufe der Zeit zu Wahrzeichen der Stadt entwickelt. Doch obwohl in Reus zahlreiche eindrucksvolle Jugendstilbauten die Innenstadt schmücken, findet sich kein einziges Gebäude, das nach den Plänen Gaudís gebaut wurde. Auch sein Geburtshaus sucht man vergeblich. Lediglich ein kleines Denkmal erinnert daran, dass der Architekt seine Kindheit hier verbrachte.

Aber Reus hat seinen berühmten Sohn nicht vergessen. An der Plaça Mercadal hat die Stadt seinem Schaffen ein ganzes Museum gewidmet. Das moderne Gebäude des Gaudí Centres sticht aus den Altbauten, die den Platz umgeben, heraus. Auf mehreren Etagen führen Filme, Bilder und Modelle anschaulich in die Gedankenwelt des Antoni Gaudí ein. Wie kein anderer Architekt sah Gaudí in der Natur eine Lehrmeisterin. In seinen Werken übernahm er organische Formen der Pflanzenwelt, im Atelier tüftelte er an ungewöhnlichen Modellen der Statik und arbeitete vor allem mit Eisen, Keramik, Glas und Stein, traditionellen Materialien des klassischen katalanischen Kunsthandwerks. Viele modernistische Bauten in der Altstadt stammen von Domènech i Montaner, neben Gaudí einer der großen Architekten des katalanischen Jugendstils. Seiner Kreativität hat Reus die Casa Nàvas und das Institut Pere Mata zu verdanken. In seiner Heimatstaadt Barcelona entwarf Domènech i Montaner die Casa Amatller, den Palau de Música Catalana und das Hospital Sant Pau.

← Die Casa Navàs ist einer der modernistischen Bauten des Architekten Domènech i Montaner.

Von der Medizin zum Aperitif

Schon im alten Ägypten kannte man die belebende Wirkung von Wein in Verbindung mit verschiedenen Kräutern. Das medizinische Getränk, das bayerische Mönche im 19. Jahrhundert aus Weißwein, der Wermutpflanze *Artemisia absinthium* und anderen Kräutern zusammenrührten, entwickelte sich dank seiner wohltuenden Wirkung bald zu einem beliebten Aperitif. In Norditalien war der ursprünglich medizinische Zweck des erfrischenden Getränks schon bald vergessen. Von Frankreich aus verbreitete sich das Rezept schnell über die Iberische Halbinsel. Zu dieser Zeit war in Reus die Infrastruktur zur Herstellung von Wein und Branntwein bereits vorhanden. Es dauerte daher nicht lange, bis dreißig kleine Fabriken das beliebte neue Produkt herstellten. Der Vermut de Reus war ein Qualitätsmerkmal, und die kleine Stadt entwickelte sich zum Zentrum der Wermutproduktion.

← Wanddekoration im Museu del Vermut, dem einzigen Wermutmuseum der Welt
↙ Das Gaudí Centre widmet sich auf drei Etagen wichtigen Vertretern des Modernisme.
↘ An den Architekten Antoni Gaudí, der seine Kindheit in Reus verbrachte, erinnert diese Skulptur.

Doch irgendwann trank man lieber Wein, Bier oder moderne Softdrinks. Der traditionelle Aperitif war aus der Mode gekommen. Nur ein paar ältere Herrschaften bestellten in den Bars noch Wermut. Die alten Wermutfabriken verschwanden, und das Getränk geriet in Vergessenheit. Aber dann entdeckte eine junge Generation das Getränk für sich. Plötzlich war Wermut wieder »in«, der Brauch, sich mit Freunden auf einen Vermut de Reus zu verabreden, lebte auf. Die althergebrachten Firmen, die die Jahre der Krise überlebt hatten, bekamen sogar Konkurrenz. Immer neue Fabriken entstanden und wagten sich mit eigenen kreativen Rezepten auf den Markt.

In einer hübschen Straße der Altstadt befindet sich eine ganz besondere Bar. Was vor langer Zeit mit einer einzigen Flasche Wermut begann, hat sich inzwischen zu einem kleinen Museum gemausert: Eine erstaunliche Sammlung an Flaschen, Schildern, Werkzeug und anderen Utensilien rund um das Thema Wermut zieren die Säle und Wände der Bar. Obwohl die genauen Rezepturen natürlich geheim sind, werden im Museu del Vermut die wichtigsten Zutaten erklärt: Die Grundlage ist immer ein einfacher Weißwein. Der einzige Pflichtbestandteil, den sowohl die traditionellen als auch die neuen Rezepte gemeinsam haben, ist Wermut. Wahlweise werden Orangen- oder Zitronenschale, Wacholder, Salbei, Kardamom, Zimt, Enzian und andere Kräuter oder Gewürze hinzugefügt. In einem mehrere Wochen andauernden Prozess entsteht schließlich ein ganz eigener Geschmack. Joan Tàpies, der Gründer und ursprüngliche Besitzer des kleinen Wermut-Museums, beließ es nicht dabei, seine private Sammlung in ein Museum zu verwandeln. Er produzierte zudem unter einem eigenen Label: Cori, der hauseigene Aperitif, den das Museum zusammen mit Vermuts Miró produziert, gewann 2020 seine erste Goldmedaille.

Der Laus auf der Spur

Das Büro der Touristeninformation Reus ist in den Räumen des ehemaligen Instituts für Weinbau, der *Estació Enològica,* untergebracht. In der ersten Hälfte des letzten Jahrhunderts forschte man in diesen Laboren nach Lösungen, um Plagen wie die Reblaus in Zukunft zu vermeiden. Nur wenige Jahrzehnte zuvor hatte das kleine Insekt eine schwere Wirtschaftskrise verursacht. Nachdem *la Phyloxera* nahezu alle Weinreben Europas vernichtet hatte, kam sie schließlich auch über die Pyrenäen und zerstörte die letzten verbliebenen Weinstöcke der Iberischen Halbinsel. Tausende Menschen verloren ihre Arbeit, ihre Lebensgrundlage. Einige versuchten ihr Glück mit dem Anbau von Haselnüssen, doch viele wanderten aus. Nachdem die Weinbauern die schlimme Krise endlich überstanden hatten, lebte in Reus die Produktion des Wermuts wieder auf, und die kleinen braunen Nüsse waren zum zweiten Standbein geworden. In der Oficina de Turisme kann man nicht nur die alten Räume des Labors bewundern, sondern auch die traditionellen Produkte probieren: Bei einer Wermutverkostung werden zum Aperitif Haselnüsse aus Reus gereicht.

INFO

TRADITIONELLER WERMUT

Unter der Leitung Salvador Rofes, in vierter Generation Chef des Familienbetriebs, befindet sich in den ehemaligen Werkshallen des Wermutherstellers heute das Restaurant Vermut Rofes. Die Produktion des traditionellen Getränks findet mittlerweile in modernen Industriegebäuden vor den Toren von Reus statt. Zwischen 1890, als Marcel·lí Rofes Sancho die Firma gründete, und 2006 wurde der beliebte Aperitif noch mitten im Zentrum der Stadt hergestellt. Um das zur Stadtgeschichte gehörende Gebäude zu erhalten, wurde in den alten Mauern ein moderner Restaurantbetrieb eingerichtet. In einer der ehemaligen Fabrikhallen kann man riesige Fässer, alte Flaschen und Werkzeuge bewundern. Für größere Gruppen werden hier Vermut Experiences organisiert, zu denen neben der Verkostung des Wermuts die passenden Gerichte serviert werden.

WEITERE INFORMATIONEN

Die Tourismusinformation befindet sich in der historischen Estació Enológica. Zu einer Wermutverkostung werden dort Haselnüsse aus Reus gereicht, reus.cat
Restaurant Museu del Vermut, museudelvermut.com
Gaudí Centre, gaudicentre.cat
mit Audioguide in deutscher Sprache
Casa Navàs, casanavas.cat/en

Die Einrichtung in einer der alten Werkshallen der Firma Rofes erinnert an die Zeit, als hier Wermut hergestellt wurde.

Blick auf Reus und den Kirchturm der Iglesia Prioral de Sant Pere, die dem Schutzpatron der Stadt gewidmet ist.

42

PEÑISCOLA – »PAPA LUNA« LÄSST GRÜSSEN

MAURISCHE BURG UND PAPSTPALAST

Malerisch ragt die Burg von Peñiscola über dem Strand auf. Die Landzunge vor der Küste hat schon viele Völker kommen und gehen sehen. Die historische Altstadt blickt auf eine bewegte Vergangenheit als maurisches Piratennest, Festung des Templerordens und Residenz eines Papstes zurück.

Die kleine Halbinsel, von der aus der Blick weit über Meer und Land reicht, war schon in früheren Jahrtausenden von strategischer Bedeutung für die Menschen. Phönizier, Iberer, Karthager und Römer ließen sich hier nieder, lange bevor die Tempelritter eine mächtige Burg auf dem Hügel errichteten. Die antiken Handelsvölker verschifften von hier aus Keramik, Stoffe und Waffen über das Mittelmeer. Für die Mauren spielten vor allem die Wasservorkommen und die Möglichkeiten der Salzgewinnung eine wichtige Rolle, denn der Ort war reich an natürlichen Süßwasserquellen. Mit dem Sieg der Truppen Jaumes I., Graf von Barcelona und König von Aragón, endete die 500 Jahre andauernde Herrschaft der Mauren 1233. Die Eroberung der Stadt verlief friedlich. Da die Christen den Sarazenen zusagten, ihre Bräuche und Traditionen beibehalten zu können, wurde Peñiscola kampflos übergeben.

Ritter, Raub, Residenz

Gegen Ende des 13. Jahrhunderts ging die Burg von Peñiscola in den Besitz der Tempelritter über. Die soldatischen Mönchsritter begannen sogleich mit dem Ausbau der Festung. Ein Wappen mit dem Kreuz des Ordens ziert den Fries über dem einzigen Zugangstor der Burg und erinnert an die Zeit ihrer Herrschaft. Als 1307 der Ritterorden zerschlagen und seine Besitztümer verteilt wurden, fiel Peñiscola in den Besitz des neu gegründeten Ordens von Montesa.

Im 15. Jahrhundert spielte das kleine Peñiscola eine nicht unbedeutende Rolle im Abendländischen Schisma. Nachdem der Neapolitaner Bartolomeo Prignano unter fragwürdigen Umständen zum Papst ernannt worden war, kam es in Rom zum Streit. Ein Teil der Kardinäle erkannte die Wahl nicht an und wählte stattdessen Pedro Martínez de Luna zum Gegenpapst. Der aus Aragón stammende »Papa Luna« enteignete den Montesa-Orden und erklärte die Festung von Peñiscola zur päpstlichen Residenz, in der er sich bis zu seinem Tod 1423 aufhielt. Erst sein Nachfolger verzichtete auf den Papsttitel, dankte ab und beendete die Spaltung der Kirche. In den folgenden Jahrhunderten mussten die gewaltigen Mauern des Städtchens Angriffe von Piraten, Osmanen und den Truppen Napoleons überstehen. Bis heute erhebt sich die stolze Festung auf dem Hügel vor der Küste und lockt nicht nur neugierige Besucher in die historische Altstadt. Bei Dreharbeiten in den 1960er-Jahren dienten die Mauern der Burg als beeindruckende Kulisse für einen Film über den spanischen Nationalhelden El Cid mit Charlton Heston in der Hauptrolle.

INFO

GRANDIOSES WANDERREVIER

Zwischen den Provinzen Valencia und Aragón erstreckt sich die Gebirgsregion El Maestrazgo. Der Name leitet sich von dem Titel Gran Maestre ab und erinnert an die Zeit, in der die Geschichte dieses Teils der Iberischen Halbinsel vom Orden der Tempelritter geprägt wurde. Mit seinen endlos scheinenden Wanderrouten ist El Maestrazgo ein Paradies für alle, die gern in der Natur unterwegs sind. Auch wenn der größte Teil des Naturparks auf dem Gebiet des benachbarten Aragón liegt, verstecken sich in kleinen Dörfern wie Villafranca del Cid, Benasal, Morella oder Ares del Maestrat zahlreiche Spuren der Tempelritter.

WEITERE INFORMATIONEN

Infos zu Peñiscola: peniscola.es/es
Infos zum Castillo de Peñiscola: castillodepeniscola.dipcas.es/es
In Vilafranca (del Cid) erklärt das Museu de la Pedra en Sec die traditionellen Trockenmauern, turismevilafranca.es
Zu den Wanderstrecken: turismomaestrazgo.com/senderismo-por-el-maestrazgo

↖ Der 7600-Einwohner-Ort Peñiscola ragt wie eine Insel aus dem Wasser.
↑ Blick auf Morella – Ort und Castell liegen auf fast 1000 Metern Höhe.

43

SAGUNT – DIE LEGENDE DES HEILIGEN GRALS

HANNIBALS ERBEN

Rom und Karthago kämpften um die kleine Stadt am Mittelmeer, später errichteten Mauren und Christen mächtige Mauern und wehrhafte Burgen. Angeblich soll Sagunt sogar bei Parzivals abenteuerlicher Suche nach dem Heiligen Gral eine Rolle gespielt haben.

Als Hannibal im 3. Jahrhundert den Ort Arse an der Iberischen Küste erobern wollte, entbrannte eine heftige Schlacht. Die iberische Siedlung war unter römischem Einfluss bereits zu einer befestigten Stadt herangewachsen. Der Angriff Hannibals löste wegen ihrer strategisch bedeutsamen Lage den Zweiten Punischen Krieg zwischen Karthago und Rom aus. Doch schon wenige Jahre später eroberten die Römer die Stadt von den Karthagern zurück, bauten die Siedlung wieder auf, erklärten die Einwohner zu römischen Bürgern und stellten das neue *Saguntum* unter ihren Schutz. *Saguntum romanum* war nach dem gleichen Schema angelegt wie die meisten Städte des Römischen Reichs: Es gab ein Forum, einen Circus, ein Theater, Tempel, gepflasterte Straßen und luxuriöse Patriziervillen. Zur Wasserversorgung wurde ein Aquädukt, zur Verteidigung eine Stadtmauer errichtet.

Im 8. Jahrhundert eroberten die Mauren die römische Siedlung. Unter den Händen der neuen Herrscher gediehen die Äcker und Felder prächtig, Handwerkskünste entwickelten sich weiter, und der Handel florierte. Aus den einst geradlinigen Straßen wurde im Laufe der Zeit ein Gewirr schmaler Gassen. Die enge Straßenführung war Teil der maurischen Strategie zur Verteidigung ihrer Dörfer und Städte, denn durch die verwinkelte Lage sollte möglichen Angreifern das Eindringen in die Stadt erschwert werden. Sie errichteten eine wehrhafte Burg, eine Mezquita und ein Badehaus. Doch schließlich vertrieb Jaume I. der Eroberer, Graf von Barcelona und König von Aragón, die Mauren. Einige seiner Soldaten ließen sich in der Stadt nieder und errichteten die ersten Kirchen.

Ein Heiligtum auf Reisen

Viele Sagen und Legenden erzählen die Geschichte der Suche nach dem Heiligen Gral. Mal werden ihm wundersame Kräfte zugeschrieben, mal soll er ewiges Leben spenden. In der christlichen Überlieferung gelangte der Kelch des letzten Abendmahls, das Jesus mit seinen Jüngern teilte, mit den Tempelrittern von Jerusalem nach Europa. Einige Jahrhunderte lang wurde die Reliquie in Rom aufbewahrt, bis sie dort Gefahr lief, in die falschen Hände zu geraten. Mönche brachten den Kelch auf geheimen Wegen in Spanien in Sicherheit. Schon bald vermischten sich die Überlieferungen mit den Gralsgeschichten Parzifals und der Artussage. In Sagunt, spanisch Sagunto, geht man davon aus, dass die Stadt eine der Stationen des Kelchs auf dem Weg vom Höhlenkloster San Juan de la Peña nach Valencia gewesen ist.

↙ Römer, Westgoten, Araber und Christen genossen den Blick von der Burg von Sagunt.
↓ Die feinen weißen Blüten der Orangenbäume verströmen ihren Duft an der Costa de Azahar.

INFO

WO DIE ORANGENBÄUME BLÜHEN

Seit vielen Jahrhunderten säumen Orangenhaine die Straßen und Wege der Provinz Valencia. *Costa de Azahar*, »Küste der Orangenblüte«, werden die Strände hier genannt. Der Weg der beliebten Zitrusfrucht war lang, denn ursprünglich stammen die Früchte aus China. Mit den maurischen Eroberern kamen zunächst die Bitterorangen, die Pomeranzen, auf die Iberische Halbinsel, später dann die süßen Apfelsinen, die von der sonnigen Küste aus ihren Weg nach Deutschland finden.
Unter den Straßen der heutigen Stadt Sagunt geht es hinab in die römische Siedlung. Eine beeindruckende Ausgrabungstätte ist die als Museum eingerichtete Via del Pòrtic y Domus dels Peixos an der Plaza Antiga Moreria.

WEITERE INFORMATIONEN

Archäologisches Museum von Sagunt, saguntoturismo.com
Sagunt und Umgebung, explorasagunto.es
Gralsroute – Ruta del Grial, ruta-grial.comunitavalenciana.com
Orangenhain-Touren, rutadelanaranja.com

44

ALICANTE – STADT DES LICHTS

ZWISCHEN WACHSAMEN BURGEN

Bis in die 1940er-Jahre war die Provinz Alicante kaum bekannt. Das änderte sich mit dem Bürgermeister des damals noch kleinen Fischerdorfes Benidorm. Er ließ die ersten Hotels bauen und sorgte dafür, dass das Bikini-Verbot im katholischen Spanien aufgehoben wurde.

Heute ist die Küstenregion Costa Blanca mit Orten wie Benidorm, Denia und Calpe überaus berühmt und beliebt. Jahr für Jahr zieht sie unzählige Reisende an. In die Provinzhauptstadt Alicante verirren sie sich jedoch nicht – und so strahlt die Hafenstadt am Mittelmeer ihr unaufgeregtes Flair aus. Und leuchtet im wahrsten Sinne des Wortes. »Stadt des Lichts«, so nannten sie schon die Römer. Als später die Mauren über Alicante herrschten, wurde aus dem lateinischen *Lucentum* das arabische *al-Lucant.* Heute finden sich in der Stadt stets zwei Namen: Alicante und die valencianische/katalanische Variante Alacant. Unter der Franco-Diktatur war diese Sprache jahrzehntelang verboten und nur Spanisch erlaubt.

Mauren, Marmor und Mee(h)r

Natürlich gibt es auch eine Legende zur Namensentstehung. Sie handelt von der unglücklichen Liebe zwischen dem jungen Alí und der Prinzessin Cántara. Als ihr Vater, der Kalif, ihr die Beziehung zu Alí verwehrte, stürzte sich Cántara vom Monte Benacantil, dem 166 Meter hohen Hausberg. Daraufhin soll eine Felsformation entstanden sein, die wie ein Maurengesicht mit Turban aussieht. Und tatsächlich kann man vom Strand aus die Silhouette Cara del Moro entdecken.

Auf dem Monte Benacantil hoch über Alicante thront das Wahrzeichen: das Castillo de Santa Bárbara. Bis 1248 war die Festung in der Hand der Mauren. Am 4. Dezember, dem Namenstag der heiligen Barbara, wurde sie vom Königreich Kastilien erobert. Heute ist die Anlage von der Fläche her eine der größten mittelalterlichen Festungen Europas. Der höchstgelegene Teil mit dem Torre del Homenaje stammt aus dem 14. Jahrhundert. Die wichtigsten Gebäude wie der Burghof, der Festungswall, Salón Felipe II und eine Kapelle entstanden im 16. Jahrhundert, sie befinden sich im mittleren Abschnitt. Der untere Burgteil, wo heute auch Ausstellungen stattfinden, ist aus dem 18. Jahrhundert. Selbst wer sich nicht für Geschichte interessiert, erklimmt den Berg für die spektakuläre Aussicht – oder nimmt einfach den Aufzug.

Zu Füßen des Benacantil erstreckt sich eines der malerischsten Viertel Alicantes: Im Bairro de la Santa Cruz kann man sich in den verwinkelten Gässchen mit den farbenfrohen Häusern verlieren. Südwestlich davon, parallel zum Jachthafen, befindet sich ein weiteres Wahrzeichen der Stadt: die gut 500 Meter lange Explanada de España – Flaniermeile und Treffpunkt für Einheimische und Fremde. Mehr als 6,5 Millionen Marmorsteinchen formen ein rot-

→ Das malerische Santa Cruz ist der älteste Stadtteil – die Mauren ließen sich hier schon nieder. Heute ist das Viertel für sein Nachtleben bekannt.

weiß-schwarzes Mosaikbild, das aussieht wie Meereswellen. Gesäumt und überdacht wird die Promenade von unzähligen Palmen.

Alicante nennt sich selbst »Stadt zwischen zwei Burgen«. Auch die zweite liegt auf einem Berg, dem Tossal, und bietet ebenfalls einen fantastischen Ausblick. Allerdings ist von der Burg San Fernando selbst nicht mehr viel erhalten – übrig sind lediglich ein Tor, der Hof und Mauern. Erbaut wurde sie eher hastig zwischen 1809 und 1812 als Verteidigungsfestung gegen Napoleons Truppen. Die machten jedoch vorher kehrt, da sie für den Krieg gegen Russland gebraucht wurden. Im Zentrum der Altstadt Alicantes befindet sich die Hauptkirche, die Concatedral de San Nicolás de Bari. Das von außen eher schlichte Bauwerk wurde Anfang des 17. Jahrhunderts im Herrera-Stil der Renaissance errichtet. Umso beeindruckender ist das Innere – vor allem die 45 Meter hohe blaue Kuppel und die Kapelle, die als eine der schönsten des spanischen Barocks gilt.

Hier vor der Konkathedrale wimmelt es jedes Jahr am zweiten Donnerstag nach Ostern von abertausenden mehr oder weniger gläubigen Menschen mit Bambusstöcken, die mit Rosmarinzweigen verziert sind. Ihr Pilgerziel liegt acht Kilometer zu Fuß entfernt: das barocke Kloster Santa Faz. Es handelt sich um die zweitwichtigste Wallfahrt Spaniens, auch bekannt als *La Peregrina* oder *Romería.* Im Kloster Santa Faz wird seit dem 15. Jahrhundert eine besondere Reliquie aufbewahrt: das Tuch, mit dem die heilige Veronika Jesus auf seinem Kreuzweg nach Golgota das blutige Gesicht abwischte. 1489 herrschte in der Gegend eine große Dürre. Die Menschen beteten die Reliquie um Wasser an. Und dann geschah das Wunder: Tränen waren auf dem Tuch zu sehen, und bald fing es an zu regnen. Mittlerweile zeigt das Mönchskloster eine Nachbildung, um das Original nicht zu schädigen.

Die Pirateninsel

In den Gewässern vor der Küste wartet ein echter Geheimtipp. Dort liegt Spaniens kleinste bewohnte Insel: Tabarca – platt wie eine Flunder und knapp elf Seemeilen entfernt. Eine gute Stunde dauert die Überfahrt. Etwa 60 Menschen leben auf dem 1,8 Kilometer langen und 400 Meter breiten Eiland. Einst galt die Insel als unbewohnt, dafür bot sie plündernden Berberpiraten einen idealen Unterschlupf. Im 18. Jahrhundert ließ Karl III. ein Dorf errichten – mit Befestigungsmauern. Besiedelt wurde es mit Fischerfamilien aus Genua, die aus der tunesischen Stadt Tabarka befreit worden waren. Der offizielle Inselname lautet bis heute: Nueva Tabarca. Der Hafen und das idyllische Dorf mit seinen zum Teil noch historischen Bauten und guten Restaurants befinden sich im Nordosten der Insel. Wer beides hinter sich lässt, den erwarten kleine, einsame Badebuchten und kristallklares Wasser. Die Gewässer rund um die Insel wurden 1986 zum ersten Meeresschutzgebiet Spaniens erklärt.

↗ Zu Füßen des Monte Benacantil mit dem Castillo de Santa Bárbara breitet sich Alicante aus.
↖ Die Festung entstand unter den Mauren und wurde im Laufe der Jahrhunderte immer größer.
← Bitte einmal nachzählen: Mehr als 6,5 Millionen Mosaiksteinchen formen die Wellen der Promenade.

INFO

DAS WEISSE GOLD

Angeblich sollen früher die Löhne in Alicante an Weihnachten mit *Turrón* bezahlt worden sein. So heißt das weiße Nougat, das in flachen Rechtecken verkauft wird und eine der berühmtesten Leckereien Spaniens ist – die typische Weihnachtsspezialität. *Turrón* besteht aus Mandeln, Honig, Zucker und Eiklar. Wahrscheinlich brachten die Mauren das Rezept mit hierher. Erstmals schriftlich erwähnt wurde *Turrón* im 16. Jahrhundert von der Kontrollbehörde für gebietsgeschützte Lebensmittel. Neben Alicante rühmt sich auch das nahe gelegene Bergdorf Jijona (Xixona), der Ursprungsort des *Turróns* in Spanien zu sein. Beide Varianten unterscheiden sich in ihrer Konsistenz. Das aus Jijona wird auch *Turrón blando* (weich) genannt; die Mandeln sind fein gemahlen, es lässt sich gut schneiden. *Turrón duro* stammt aus Alicante und ist eher hart, da ganze Mandeln verwendet werden. Was beide hochkalorischen Leckereien eint, ist das Herkunftszertifikat Denominación de Origen – es bezieht sich auf die geografische Lage und den Herstellungsprozess.

WEITERE INFORMATIONEN

alicanteturismo.com
castillodesantabarbara.com
concatedralalicante.com
comunitatvalenciana.com/de/alacant-alicante

Das harte *Turrón* aus Alicante wird oben und unten mit Oblaten bedeckt und zumeist als Tafel angeboten.

45

MURCIA – DIE UNBEKANNTE SCHÖNE

OBST- UND GEMÜSEGARTEN EUROPAS

Die siebtgrößte Stadt Spaniens ist bei Reisenden so wenig bekannt wie die gleichnamige autonome Region. Dabei landen Obst und Gemüse aus Murcia häufig bei uns im Supermarkt und somit auf unseren Tellern. Grund für eine Reise bietet das architektonische Erbe, vor allem der spanische Barock.

Es ist beeindruckend zu sehen, wenn am Karfreitag tausende in lilafarbene Kutten gehüllte Menschen durch die Straßen von Murcia ziehen. Dabei tragen sie religiöse Figuren – geschaffen vom Bildhauer Salzillo – und verteilen Süßigkeiten. Francisco Salzillo (1707–1783) ist der bekannteste Vertreter des spanischen Barocks und berühmt für seine religiösen Schnitzereien. Ein vielbesuchtes Museum ist ihm gewidmet. Salzillos gesamtes Leben drehte sich um die Bildhauerkunst. Nach dem Tod des Vaters übernahm er dessen Werkstatt und erschuf zusammen mit seinen Geschwistern unzählige Skulpturen, u. a. für die Prozession. Wer sie verpasst, schaut sich die Figuren im Museum an, wo auch die berühmte Krippe steht. Das sogenannte Bethlehem von Salzillo mit 556 filigranen Figuren stellt das Murcia des 18. Jahrhunderts dar.

Ein Spaziergang durch den Barock

Atemberaubend schön ist die Kathedrale von Murcia, das wohl wichtigste Monument der Stadt. Ganze 400 Jahre dauerte die Fertigstellung. Bereits im 14. Jahrhundert wurde mit dem Bau begonnen, das spiegelt sich im gotischen Kircheninneren wider. Im 18. Jahrhundert musste die Fassade abgerissen und neu errichtet werden. Dafür holte man den Architekten Jaime Bort. Mit der neuen Fassade erschuf er ein Meisterwerk des spanischen Barocks. Der begehbare Renaissance-Turm der Kathedrale ist mit 95 Metern der zweithöchste Kirchturm in Spanien. Im gotischen Kreuzgang befindet sich seit 1957 das Museum der Kathedrale mit der wichtigsten Sammlung sakraler Kunst Murcias – inklusive Gemälden von Luca Giordano, Skulpturen von Salzillo sowie Werken der Silberschmiedekunst. Durch den Glasboden des Museums sind die Fundamente der Moschee zu sehen. Unweit der Kathedrale, an der Plaza Cardinal Belluga, steht ein Höhepunkt der Steinmetzkunst: der Bischofspalast, Episcopal Palacio de Murcia. Das Gebäude im Rokoko-Stil vereint französische mit italienischen Elementen. Besonders die Fresken an der roten Fassade erinnern an römische und neapolitanische Paläste. Auch das Innere ist absolut sehenswert.

Im klaren Kontrast zu diesen beiden Gebäuden steht das benachbarte Neue Rathaus aus dem Jahr 1998 mit seiner Avantgardefassade von Rafael Moneo. Das eigentliche Rathaus, Casa Consistorial, ist nur wenige Meter entfernt an der Plaza de la Glorieta, direkt gegenüber vom Flussufer des Segura. Das neoklassistische Gebäude aus dem 19. Jahrhundert trägt in der Mitte des Giebels eine Uhr mit Glockenspiel.

INFO

DIE MÄCHTIGE OLIVERA

In einer Kurve vor Ricote, nördlich von Murcia, steht der älteste Olivenbaum der Region. Angeblich ist die Olivera Gorda 1400 Jahre alt. Wahrscheinlich wurde sie zu Zeiten der Mauren gepflanzt; viele Mythen und Legenden ranken sich um sie. So soll unter dem Baum ein muslimischer Anführer zum König von al-Andalus ernannt worden sein. Später ergab er sich hier der katalanischen Armee. Olivera Gorda ist ein wilder Olivenbaum, der im Laufe der Jahrhunderte mit anderen Olivenarten veredelt wurde. Er ist zugleich auch einer der größten Murcias – mit einer Höhe von mehr als sieben Metern und einem Umfang von etwa sechs Metern. Da er jahrelang Fotomotiv war, Menschen auf ihm herumkletterten und ihn so langsam zerstörten, schützt ihn mittlerweile ein Holzzaun. 2008 erhielt die Olivera Gorda die Auszeichnung »Historischer Baum«.

WEITERE INFORMATIONEN

turismodemurcia.es
museosalzillo.es
catedralmurcia.com
murciaturistica.es

↖ Die Karfreitagsprozession ist die wichtigste während der Osterwoche, landesweit bekannt.
↑ Schwarze Oliven haben je nach Sorte eine schwarze oder dunkelbraune Farbe.

46

CARTAGENA – EIN THEATER TAUCHT AUF

DAS NEUE KARTHAGO

Ein riesiges römisches Theater mitten in einer spanischen Stadt. Nein, keine Täuschung, sondern ein sensationeller archäologischer Fund! Jahrhundertelang lag es verborgen, und niemand ahnte von seiner Existenz – bis 1988. Heute ist es das bedeutendste Monument der Hafenstadt.

Die ideale Lage am Mittelmeer, Silber- und Erzminen in direkter Nachbarschaft – kein Wunder, dass Hannibal mit seinen Elefanten in Cartagena landete. Einfallsreich waren sie nicht, als sie der karthagischen Hauptstadt auf der Iberischen Halbinsel den Namen »Neustadt« gaben. Nach der Eroberung durch die Römer wurde daraus *Carthago Nova*. Als 1988 ein neues Zentrum für Kunsthandwerk errichtet werden sollte, stieß man zufällig auf eine römische Inschrift. Zwei Jahre später auf erste Überreste. Was dann 1996 bis 2003 zu Tage trat, waren aber nicht nur Ruinen, sondern ein komplettes Theater, das bestens erhalten war, mit Platz für 7000 Menschen. Kaiser Augustus ließ es aus Kalkstein, Sandstein und Marmor errichten. Besonders beeindruckend ist die bildhauerische Verzierung am Teatro Romano. Es ist nicht das einzige römische Erbe unter der Stadt: Um ein Amphitheater aus dem 1. Jahrhundert v. Chr. freizulegen, wird derzeit die Stierkampfarena, Plaza de Toro, zurückgebaut. Blutige Schaukämpfe finden in beiden Arenen glücklicherweise schon lange nicht mehr statt.

Morbider Charme und Moderne

Ein Spaziergang durch Cartagena ist wie eine Zeitreise. Ruinen, an denen Graffitis prangen, und gleich daneben ein Prachtbau. Eines der schönsten Gebäude ist das Rathaus, der Palacio Consistorial, aus weißem Marmor, erbaut zwischen 1900 und 1907 im Jugendstil. Ende des 19. und Anfang des 20. Jahrhunderts hatte der Architekt Víctor Beltrí den Auftrag, der Stadt ein neues Gesicht zu geben. Er war es, der den Stil des Modernismus in Cartagena prägte. Er verwendete alle Materialien und Techniken, die damals en vogue waren: Eisen, Keramik und Glas. Von ihm stammt eine Vielzahl an prachtvollen Gebäuden: das Grand Hotel, die Casa Cervantes oder der Palacio de Aguirre, in dem sich heute das Museum für moderne Kunst befindet.

Zwischen Altstadt und dem Hafen liegt auf dem höchsten der fünf Hügel Cartagenas das Castillo de la Concepción aus dem 12./13. Jahrhundert bzw. dessen Ruinen. Entweder erklimmt man den 70 Meter hohen Berg oder man nutzt den Panorama-Aufzug. Von der maurischen Festung aus bietet sich ein wunderbarer Rundumblick. Im Hafenbecken und an der malerischen palmengesäumten Hafenpromenade fallen zwei überdimensionale Skulpturen ins Auge: eine Walflosse aus Metall und ein nackter, kauernder Mann aus Bronze. Der fast fünf Meter hohe Mann stammt von Víctor Ochoa und erinnert an die Opfer des Terrorismus.

↙ Seit 2008 kann das ausgegrabene römische Theater besichtigt werden.
↓ Die Strände am Mar Menor zeichnen sich durch feinsten Sand aus und sind fast unberührt.

INFO

DAS KLEINE MEER

Ein paar Kilometer östlich von Cartagena erstreckt sich das Mar Menor, das kleine Meer, mit wunderschönen Stränden. Mit einer Fläche von 170 Quadratkilometern ist es die größte abgeschlossene Salzwasserlagune Europas. Eine mehr als 20 Kilometer lange und bis zu einen Kilometer breite Sandbank, La Manga, trennt sie vom offenen Meer. Mar Menor ist maximal acht Meter flach, dadurch ist das Wasser wärmer als im Meer; auch der Salzgehalt liegt höher. Leider hat der Sauerstoffgehalt in den vergangenen Jahren abgenommen, was einer der Gründe ist, warum das Ökosystem der Lagune langsam kippt. Im Norden des Mar Menor befindet sich das wichtigste Feuchtgebiet der Region: Las Salinas y Arenales de San Pedro. Der Regionalpark mit seinen Dünen, Pinienwäldern und Salzbecken gilt als wichtiger Nist- und Rastplatz vieler Vogelarten. Besonders zahlreich sind Ende Juli die Flamingos.

WEITERE INFORMATIONEN

turismo.cartagena.es
spain.info
murciaturistica.es

Die Stierkampfarena von Málaga steht mitten im modernen Stadtviertel La Malagueta. Sie bietet 9000 Menschen Platz.

DER SÜDWESTEN

Festungen, Arenen und weiße Dörfer – eine Küstenregion voller Kontraste

47

MOJÁCAR – WEISSES DORF AM CABO DE GATA

IM WILDEN OSTEN ANDALUSIENS

Ganz im Osten Andalusiens liegt Mojácar. Einmal im Jahr erinnert der malerische Ort an die Zeit, in der Christen und Mauren an diesem Hang um die Vorherrschaft kämpften. Mit bunten, aufwendigen Kostümen, Musik und prächtigen Umzügen feiert Mojácar das Fest der Moros y Cristianos.

Kurz vor der Wüste von Tabernas und dem Naturpark Cabo de Gata ist Andalusien immer sonnig. Die Landschaft wirkt karg. Kaum eine Regenwolke verirrt sich je in diese Gegend. Und dennoch strahlt dieser einsame, zerklüftete Landstrich eine ganz besondere Faszination aus. Ganz oben auf einem Hügel schmiegen sich die Häuser von Mojácar eng an die Felsen. In den letzten Strahlen der Abendsonne leuchten die schneeweiß getünchten Mauern des Städtchens auf. Zu Fuß erklimmt man die steile Straße, um den alten Ortskern zu erreichen. Enge Gassen schlängeln sich dort von einem Platz zum nächsten. An den Wänden grüßen unzählige Blumentöpfe mit Geranien fröhlich bunt von großen Flächen weißer Farbe. Vor dem Rathaus zieht ein hundert Jahre alter Ficus die Blicke der Besucher auf sich. Und auf dem Platz neben der Kirche werden marokkanischer Tee und süße kleine Mandelküchlein serviert. Längst sind die neuen, modernen Stadtteile Mojácars bis an die Strände hinunter gewachsen, doch die historische Stadt am Berg hat ihren alten Zauber bis heute bewahrt.

Glücksbringer aus der Steinzeit

Als ein spanischer Archäologe 1868 steinzeitliche Felsmalereien in einer Höhle fand, war das eine kleine Sensation. Eine der Zeichnungen, die er in der Cueva de los Letreros entdeckte, stellte ein einfaches Strichmännchen mit einem Bogen über dem Kopf dar: der Indalo. Den halbrunden Kreis interpretierte man als Regenbogen und ging davon aus, dass die Darstellung eine Gottheit zeige. Obwohl die Wissenschaft bis heute nicht eindeutig feststellen konnte, wen oder was die Silhouette repräsentiert, wurde der Indalo zu einem beliebten Talisman. In Mojácar ziert der kleine Glücksbringer Blumenbeete und Kreuzungen, man malt ihn als Schutzsymbol auf Hauswände und errichtet Indalo-Skulpturen. Die örtliche Verehrung brachte dem Männchen den Beinamen *Muñequilo Mojaquero* ein. Überall in der Stadt stößt man auf die Figur, die man als Glücksbringer um den Hals tragen oder als Souvenir mit nach Hause nehmen kann.

Gleich hinter Mojácar beginnt der Naturpark Cabo de Gata. Die einsame Landschaft lockt schon seit vielen Jahren Ruhe suchende Strandliebhaber an ihre Küsten. An der Playa de los Muertos sollen einst Piraten ihre Schätze neben ihren Verstorbenen versteckt haben. An der Playa del Mónsul dominiert ein großer Felsbrocken den Strand. Wer einen zwanzigminütigen Fußmarsch nicht scheut, um die abgelegene Cala de Enmedio zu erreichen, wird mit der Entdeckung einer wunderbaren, stillen Bucht belohnt.

→ Blumen schmücken die Wände der engen Gassen, die durch die Altstadt von Mojácar führen.

Einsam und verlassen liegt das Cortijo del Fraile inmitten einer wüstenartigen Landschaft. Einst flatterte hier die frisch gewaschene Wäsche im warmen Wind. Ziegen knabberten das karge Grün, und Esel zogen die schwere Last von den Feldern in den Stall. Doch der Hof steht schon lange leer. Seit vielen Jahrzehnten lebt und arbeitet niemand mehr auf dem ehemals stolzen Landgut. Vor langer Zeit soll sich hier eine traurige Geschichte abgespielt haben. Den aus Andalusien stammenden Dichter Federico García Lorca hat das Cortijo del Fraile jedenfalls zu einer ganz besonderen Erzählung inspiriert. »Die Bluthochzeit« handelt von uralten Bräuchen und Traditionen, vom Leben auf dem Land und von menschlichen Tragödien. Ein Gutsbesitzer will seine Tochter verheiraten, doch sie liebt einen anderen. Am Tage der geplanten Hochzeit flieht sie mit ihrem Geliebten, einem verheirateten Mann. Die Geschichte fußt auf einer wahren Begebenheit – sie endet nicht glücklich.

Filmreife Wüste

Nicht nur dramatische Liebesgeschichten, auch Cowboyfilme passen perfekt in die einsame Landschaft vor den Toren Mojácars. Diese karge Welt erinnert so sehr an den wilden Westen Amerikas, dass hier zahlreiche Filme mit bekannten Hollywoodstars gedreht wurden. Clint Eastwood spielte in »Zwei glorreiche Halunken«, und auch Charles Bronson, Yul Brynner, Claudia Cardinale, Terence Hill, Bud Spencer, ja sogar der junge Til Schweiger als Lucky Luke, waren schon in der Wüste von Tabernas unterwegs.

Vorbei am Post Office geht es in den Saloon, wo die Holzdielen unter jedem Schritt knarren, und die Bardame mit einer Feder im Haar den Whisky ausschenkt. Im oberen Stockwerk des schäbigen Hotels hängt ein Fenster von der letzten Schießerei noch schief in den Angeln, und auf der staubigen Dorfstraße kommen drei junge Cowboys angeritten. Kleine Westernstädte wie das Fort Bravo lassen das raue Ambiente des Wilden Westens wieder aufleben. Ruhiger und weniger spektakulär geht es bei einer Jeep-Tour durch die wüstenartige Landschaft zu, wenn Guides die Entstehung der bizarren Felsformationen erklären.

Eine Höhle voller Kristalle

Eine halbe Autostunde von Mojácar entfernt liegt die zweitgrößte Geode der Welt. Geode nennt man eine Höhle, die sich im Laufe vieler Jahrtausende mit kristallisierten Mineralien anfüllt. Erst 1999 entdeckte man in der alten Silbermine bei Pulpí einen großen Hohlraum, in dem sich transparente Gipskristalle gebildet hatten. Vermutlich entstand die Geode vor rund einer Million Jahre aus einer in einem Lavastrom eingeschlossenen Gasblase. Beim Erkalten des Lavastroms kondensierten die Gase, griffen das Gestein an, und die Kristalle wuchsen. Im Gegensatz zu der einzigen noch größeren Geode in Mexiko kann man diese besondere Höhle in Pulpí besuchen!

↗ Der Blick auf Mojácar offenbart die schöne Lage des Städtchens nahe am Meer.
↖ Fort Bravo, die Westernstadt, gibt eine gute Vorstellung vom Wilden Westen Amerikas.
← Der Indalo gilt in Mojácar als Glücksbringer – es gibt ihn in allen denkbaren Größen und Farben.

INFO

KLEINES PARADIES

Eine Auszeit zwischen Orangenbäumen mit Blick auf die Sierra: In dem ehemaligen Gutshof Cortijo el Sarmiento haben Yvonne und Carsten eine Oase der Ruhe geschaffen, in der sie ihre Gäste verwöhnen. Im Garten des kleinen Familienbetriebs, wo Carsten frische Apfelsinen für das liebevoll zubereitete Frühstück pflückt, duftet es schon früh am Morgen nach blühendem Jasmin. Yvonne nimmt sich viel Zeit für ihre Gäste, denen sie ausführliche und individuelle Tipps für Ausflüge gibt. In und um Mojácar kennt sie sich bestens aus und weiß genau, wie man den nahegelegenen Nationalpark Cabo de Gato am besten erkundet. Yvonne verrät auch, wo die tollsten Strände und die besten Restaurants zu finden sind. Die sympathischen Gastgeber legen viel Wert auf Nachhaltigkeit und arbeiten eng mit lokalen Anbietern regionaler Produkte zusammen. Ab und zu kochen sie andalusische Spezialitäten, die dann bei einem guten Glas Wein gemeinsam verspeist werden.

WEITERE INFORMATIONEN

Touren Desierto Tabernas, malcaminos.com
Fort Bravo, fortbravoofficial.com
Geoda Pulpí, geodapulpi.es
Luxury B&B Cortijo El Sarmiento, el-sarmiento.com
Allgemeine Info, mojacar.es

Mit einem köstlichen Frühstück im Cortijo El Sarmiento fängt der Tag gut an.

48

ALMERÍA – UNERSCHÜTTERLICH OPTIMISTISCH

WIE AUS AL MARIYA ALMERÍA WURDE

Allzu leicht verliert man zwischen den vielen eindrucksvollen Orten Andalusiens eine kleine, aber ganz besondere Stadt aus dem Blick: Seit vielen Jahrhunderten trotzt Almería allen Bedrohungen und Gefahren. Dabei gibt es hier viele Geschichten zu entdecken.

Durch die alten Gassen der Medina geht es hinauf zur Alcazaba, der maurischen Festung Almerías. Zwischen dem 8. und 15. Jahrhundert war Al Mariya eine bedeutende Hafenstadt. Handelsschiffe aus den entferntesten Winkeln des Mittelmeers brachten Güter aus fremden Ländern hierher. Doch mit dem Zerfall des Kalifats von Córdoba begann auch der Niedergang der maurischen Hafenstadt. Auf dem Gebiet des einst mächtigen Kalifats entstanden viele *Taifas,* eigenständige kleine Königreiche. Doch diese neuen maurischen Reiche waren zerstritten, und ihre Herrscher bekämpften sich gegenseitig. So hatten die christlichen Truppen leichtes Spiel und eroberten eine Stadt nach der anderen. Inmitten der grünen Gärten und prunkvollen Paläste der kleinen Hafenstadt errichteten die neuen Machthaber eine trutzige Burg. Aus Al Mariya wurde Almería. Die erste Ebene der Festungsanlage erinnert mit zahlreichen Beeten sommerlicher Blumen an die prächtigen Gärten, die hier einst blühten. Wie eine Oase in der Wüste taucht hinter hoch gewachsenen Grünpflanzen ein großes Wasserbecken auf, das nahe der Burgmauer verborgen liegt.

Eine Kathedrale braucht Platz

Schon kurz nach der Eroberung wurden weite Teile der prachtvollen maurischen Paläste Almerías durch ein heftiges Erdbeben zerstört. Das Beben beschädigte auch die christliche Kirche, die an der Stelle der maurischen Mezquita gebaut worden war, schwer. Zahlreiche alte Gebäude und enge Gassen des historischen Zentrums mussten dem dem Neubau auf der Plaza de la Catedral weichen. Das maurische Almería wurde umstrukturiert, das neue Gotteshaus mit dicken Mauern versehen. Trotzig wie eine Festung, mit Elementen der Spätgotik und der Renaissance, empfängt die Kathedrale von Almería heute die Besucherinnen und Besucher der Stadt. Ein kulturhistorisches Denkmal aus jüngerer Zeit ist das Cable Inglés. Zu Beginn des 20. Jahrhunderts wurde dieser Pier im Hafen von Almería ganz im Stil der damals angesagten Schule Gustave Eiffels entworfen. Ehe die Rampe zum Verladen der Erzvorkommen errichtet wurde, brauchten die Arbeiter bis zu zehn Tage, um die großen Schiffe zu beladen. Mit Inbetriebnahme der modernen Eisenkonstruktion war diese Arbeit in nur zehn Stunden erledigt. Da die Betreiberfirma des Anlegers aus Glasgow stammte, nannten die Einheimischen die Pier Cable Inglés. 1970 wurde El Cable Inglés geschlossen und Ende der 1990er-Jahre unter Denkmalschutz gestellt. Derzeit entstehen Pläne, die industrielle Geschichte des Hafens für Interessierte erlebbar zu machen.

INFO

LETZTE ZUFLUCHT

Wie eine unterirdische Stadt erstrecken sich Tunnel und Luftschutzbunker aus der Zeit der *Guerra Civil* unterhalb der Häuser und Straßen Almerías. Neun Meter unter der Erde harrten bis zu 34 000 Männer, Frauen und Kinder aus und warteten auf das Ende des Bombenhagels im Spanischen Bürgerkrieg. Ein etwa fünf Kilometer langes Netz aus Gängen und kleinen Kammern schützte die Menschen vor den Kampfflugzeugen, deren explosive Last Almería wieder und wieder erschütterte. Mehr als 50 Luftangriffe musste die Stadt überstehen, die den Truppen Francos bis kurz vor Ende des Spanischen Bürgerkriegs tapfer Widerstand leistete.

WEITERE INFORMATIONEN

Alcazaba, museosdeandalucia.es
Cable Inglés, almeriadecosta.com
Kathedrale, catedralalmeria.com
Refugios – Besichtigung nur mit Führung nach Voranmeldung, almeriadecosta.com
Kulinarischer Tipp:
Tapasbar Casa Puga,
Calle Jovellanos 7, 04003 Almería

↖ Die Mauern der beeindruckenden Alcazaba von Almería
↑ Einsamer Zeuge einstiger Leiden: ein Bunker aus der Zeit des Bürgerkriegs

49

JAÉN – WELTHAUPTSTADT DES OLIVENÖLS

DAS FLÜSSIGE GOLD

Nirgendwo auf der Welt wird mehr Olivenöl hergestellt als in der andalusischen Provinz Jaén mit der gleichnamigen Hauptstadt. Mehr als 60 Millionen Olivenbäume wachsen hier, das haben Satellitenaufnahmen gezeigt. Kein Wunder, dass sich Jaén den Beinamen »Welthauptstadt des Olivenöls« gab.

Im weiten Flusstal des Guadalquivir, umrahmt von Hängen voller Olivenbäume, liegt Jaén. Auf einem Hügel über der Stadt thront das majestätische Castillo de Santa Catalina mit seinen sechs Wehrtürmen. Mitte des 13. Jahrhunderts wurde die Burg an der Stelle errichtet, wo früher eine maurische Festung stand. Heute ist hier ein Vier-Sterne-Hotel untergebracht, das Parador de Jaén. Einige Teile der Burg können besichtigt werden.

Die schönste Kirche Andalusiens

Das Wahrzeichen der Stadt befindet sich mitten im historischen Ortszentrum: die imposante Kathedrale von Jaén, Catedral de la Asunción de Jaén. Von fast überall in der Stadt kann man ihre kunstvollen Glockentürme, das Hauptportal und die Kuppel erspähen. Nach etlichen Zerstörungen wurde die Renaissance-Kathedrale zwischen dem 16. und 18. Jahrhundert nach Plänen des Architekten Andrés de Vandelvira neu erbaut. Sie gilt als sein Meisterwerk. Nicht weit entfernt steht die im Mudéjarstil errichtete Kirche San Bartolomé. Sehenswert sind das Taufbecken mit seinen gotischen Glaskeramik-Elementen und der geschnitzte Altar voller feiner Details. In Jaén lebten im Mittelalter zeitweise drei Kultur-und Glaubensrichtungen nebeneinander: Mauren, Christen und Juden. Noch heute finden sich Reste des jüdischen Viertels. Dort, wo die Kirche San Andrés steht, war früher wahrscheinlich eine Synagoge. Wenige Meter weiter gibt es gut erhaltene arabische Bäder, die nach römischem Vorbild erbaut sind und zu den größten Europas gehören. Sie befinden sich im Keller des Palacio de Villadompardo aus dem 16. Jahrhundert. 1913 wiederentdeckt, wurden die Bäder 2013 aufwendig restauriert. Heute sind hier auch zwei Museen untergebracht: das Museo de Artes y Costumbres Populares und das Museo Internacional de Arte Naif Manuel del Moral.

Der grüne Olivenölweg

Von Jaén aus führt die *Vía Verde del Aceite,* ein Wanderweg, entlang einer ehemaligen Eisenbahntrasse, durch unendlich scheinende Olivenhaine mit ihren knorrigen Bäumen bis in die Provinz Córdoba. Unterwegs laden Ölmühlen, Restaurants und Museen zum Probieren des flüssigen Goldes ein. Aus der spanischen Küche ist Olivenöl nicht wegzudenken. Die Hälfte des spanischen Olivenöls und ein Viertel der weltweiten Produktion wird in Jaén gepresst – dem »Land der gekämmten Hügel«, wie der Lyriker Antonio Machado die Provinz nannte.

↙ Das beleuchtete Jaén mit der Kathedrale, umgeben von »gekämmten Hügeln«, den Olivenhainen
↓ Die Plaza Vázquez de Molina in Úbeda ist eingerahmt von prachtvollen Renaissance-Bauten.

INFO

ZWEI WELTKULTURERBE-STÄDTE

Rund 50 Kilometer nordöstlich von Jaén liegen die Renaissance-Städte Baeza und Úbeda. Seit 2003 gehören sie zum UNESCO-Weltkulturerbe. Ihre wunderschönen Kirchen, Paläste, Herrenhäuser und Plätze entstanden im 16. und 17. Jahrhundert. Vom Stil her wirken sie wenig andalusisch, sondern erinnern mehr an Orte im benachbarten Kastilien. Das kleinere Baeza mit historischer Altstadt ist ein Gesamtkunstwerk aus Laubengängen, hohen Palastbauten und Klosteranlagen. Besonders sehenswert ist der Jabalquinto-Palast – im Stil der Gotik errichtet, mit einer reich dekorierten Fassade versehen. In Úbeda markiert einer der schönsten Plätze Andalusiens, die Plaza de Vázquez de Molina, das Herz der Stadt. Der Platz ist langgestreckt, umgeben von bedeutenden Gebäuden wie Adelspalästen, dem Rathaus und zwei Kirchen; in der Mitte plätschert ein Renaissance-Springbrunnen.

WEITERE INFORMATIONEN

turjaen.org
andalucia.org
catedraljaen.org

50

MÁLAGA – WIE GESCHAFFEN FÜR GENIESSER

EIN GUTER PLATZ FÜR GROSSE KÜNSTLER

Die Hafenstadt an der Costa del Sol ist den meisten ein Begriff wegen des gleichnamigen Eisklassikers mit den beschwipsten Rosinen. Málaga ist aber auch Geburtsstadt des Künstlers Pablo Picasso und des Schauspielers Antonio Banderas. Außerdem hat sie 16 Strände, der bekannteste ist La Malagueta.

In keiner anderen spanischen Stadt habe ich mich so glücklich und so wohl gefühlt wie in Málaga«, schrieb der dänische Schriftsteller Hans Christian Andersen. Entspannt sitzt er mit einem Buch auf einer Bank an der Plaza de la Marina – oder vielmehr seine Bronzestatue. Im Oktober 1862 war der Vater der »kleinen Meerjungfrau« in Málaga und fasziniert von der Stadt.

Auf den Spuren Picassos

Am 25. Oktober 1881 wurde Pablo Picasso in Málaga geboren. Sein Geburtshaus befindet sich im Stadtzentrum an der Plaza de la Merced. Es ist heute ein Museum, das Museo Casa Natal. Das Malen lernte der kleine Pablo von seinem Vater José Ruiz, einem Konservator und Zeichenlehrer. Sein erstes Ölgemälde malte er mit gerade einmal acht Jahren: »El pequeño picador«. Picasso war begeistert vom Stierkampf, der *Corrida*. Mit seinem Vater ging er oft in die Malagueta, die Stierkampfarena Málagas im Neomudéjarstil. Mit einem Durchmesser von 50 Metern und 14 000 Plätzen gehört sie zu den größten Spaniens. Nur wenige Meter von Picassos Geburtshaus entfernt liegt der Palacio de los Condes de Buenavista, ein Renaissance-Gebäude mit Mudéjar-Elementen. Hier ist seit 2003 das Museo Picasso untergebracht. Bereits 1953 war es Picassos Wunsch, seine Werke in seiner Geburtsstadt zu präsentieren. Erst seine Schwiegertochter Christine und sein Enkel Bernard Ruiz-Picasso verwirklichten ihn postum. 233 Werke gehören dem Museum, 162 weitere der Stiftung von Bernard Ruiz-Picasso. Sie zeigen die unterschiedlichen Werkphasen zwischen 1894 und 1972. Ebenfalls in Málaga geboren wurde Antonio Banderas. Der Schauspieler ist hier an einigen Restaurants beteiligt und hat das Teatro del Soho gegründet, wo er ab und zu mitspielt.

Top-Ausblicke

Von fast überall in der Stadt sichtbar ist das höher gelegene Castillo de Gibralfaro, die Überreste einer Burganlage aus dem 14. Jahrhundert. Ebenfalls auf einem Hügel thront die Alcazaba. Im 11. Jahrhundert errichtet, ist sie eine der größten maurischen Festungen Andalusiens mit zauberhaften Innenhöfen und Gärten. Das berühmteste Bauwerk Málagas jedoch ist die Kathedrale. Fast 250 Jahre dauerten die Bauarbeiten, und so finden sich gotische Elemente neben solchen aus der Renaissance und dem Barock. Allgemein bekannt ist sie als *La Manquita*, die »Einarmige«. Statt zwei Türmen wurde nur einer fertiggestellt.

INFO

WEIN STATT RUM

Es ist ein absoluter Klassiker im Eissortiment – seit rund 50 Jahren: das Málaga-Eis. Und wie sollte es anders sein, es wurde natürlich in Málaga erfunden. Das war in den 1970er-Jahren in der Casa Mira, der ältesten *Heladería* (Eisdiele) der Stadt. Seit 1890 ist sie im Familienbesitz und eigentlich für ihr *Turrón*-Eis berühmt. Denn die Familie Mira stammt ursprünglich aus Jijona und stellt ihr eigenes *Turrón*, das spanische Nougat, her. Señor Prudente Dimas Mira, studierter Jurist, gilt als Erfinder der Málaga-Eissorte. In ihr vereinte er zwei Dinge nach seinem Geschmack, die lokalen Rosinen und den Málagawein – von wegen Rum, wie außerhalb Spaniens üblich! Die Rosinen werden in dem süßen Dessertwein eingelegt und später unter die Eiscreme gemischt. Der Málagawein gehört zu den ältesten Arten, bereits die Römer tranken ihn.

WEITERE INFORMATIONEN

malagaturismo.com
museopicassomalaga.org
dimasmiraehijos.com
heladeriamalaga.es

↖ Direkt neben der Kathedrale befindet sich der barocke Bischofspalast, in dem das Ars Málaga, ein Kunstmuseum, untergebracht ist.
↑ In der Casa Mira gibt es viele Eissorten.

51

RONDA – KÖNIGIN IM SÜDEN

DIE ERTRÄUMTE STADT

Auf einer Höhe von knapp 800 Metern thront Ronda auf einem Felsplateau. Geprägt wird das Bild der Stadt von einer tiefen Schlucht und der Brücke darüber. Bereits Rainer Maria Rilke, James Joyce und Ernest Hemingway erlagen dem Charme Rondas.

Ronda ist eines der berühmten »weißen Dörfer«, *Pueblos blancos,* Andalusiens – mit den strahlend weißen Häusern unter roten Ziegeldächern. Erschaffen wurden diese Bergdörfer von den Mauren; Ronda wohl etwa im 9. Jahrhundert. Spektakulär ist die Stadt vor allem wegen ihrer Lage auf einem steil abfallenden Felsplateau. Das ist in zwei Hälften gespalten – und damit auch Ronda: Die El Tajo-Schlucht ist 90 Meter breit und bis zu 120 Meter tief. Darüber führt die Puente Nuevo, das Wahrzeichen der Stadt, und verbindet die Altstadt, La Ciudad, und den jüngeren Teil, El Mercadillo. Die Brücke aus der Mitte des 19. Jahrhunderts besteht aus vier Torbögen; im mächtigsten und zentralen Teil gibt es eine Kammer, die früher als Gefängnis und Folterkammer diente. Von der Puente Nuevo aus hat man einen fantastischen Ausblick auf die Schlucht und die Gebirgslandschaft der Serranía de Ronda. Für das Postkartenmotiv mit der Brücke muss man von der Plaza María Auxiliadora oder der Casa del Moro aus ins Tal hinablaufen.

Die Wiege des Stierkampfs

Vor rund 200 Jahren wurden in Ronda die Regeln für den modernen Stierkampf festgelegt, die heute noch gelten: die *Escuela Rondeña.* Dazu gehören etwa das rote Tuch und die Posen. Sie stammen von Pedro Romero, einem der berühmtesten Matadore aller Zeiten. Obwohl vielerorts Corridas nicht mehr erlaubt sind; in Ronda kann man sie noch erleben, z. B. während der Feria de Pedro Romero jedes Jahr im September. Zu dieser Corrida Goyesca tragen die Stierkämpfer Goya-Kostüme aus dem 18. Jahrhundert. Die Corridas finden in der Plaza de Toros statt, eine der schönsten und ältesten Stierkampfarenen des Landes. Errichtet wurde sie zwischen 1783 und 1789 nach den Plänen des Brücken-Architekten Aldehuela. Direkt gegenüber der Arena betrachten die Statuen von Ernest Hemingway und Orson Welles einen Bronzestier. Beide waren hier oft zu Besuch.

Ein Raum für Rilke

Noch vor den beiden verirrte sich Rainer Maria Rilke im Dezember 1912 während seiner Spanienreise nach Ronda. Den Stierkampf ließ er jedoch aus. Er schwärmte von der Stadt und der sie umgebenden Gebirgslandschaft Serranía de Ronda. Der Poet wohnte im Hotel Reina Victoria in einem kleinen Zimmer unter dem Dach, wo seine »Spanische Trilogie« entstand. Das Hotel ist heute ein Vier-Sterne-Haus. Auch James Joyce besuchte Ronda und verewigte die Stadt in seinem Roman »Ulysses«.

↙ Hemingway kam erstmals 1923 wegen des Stierkampfs her und war verzaubert von Ronda.
↓ Seitdem das Dorf Júzcar in Schlumpfblau erstrahlt, ist es für Reisende attraktiv.

INFO

DAS BLAUE DORF

20 Kilometer südlich von Ronda liegt versteckt in den Bergen der Ort Júzcar – auch er gehörte mal zu den »weißen Dörfern«. Seit 2011 erstrahlen die mehr als 150 Häuser aber in Schlumpfblau, sogar die Pfarrkirche Santa Catalina aus dem 16. Jahrhundert. Schuld war eine Werbeaktion für einen Kinofilm. Den meisten Einwohnern und Einwohnerinnen gefiel die neue Farbe, und sie behielten sie. Als Schlumpfdorf *(Pueblo pitufo)* wurde Júzcar bekannt. So darf sich der Ort seit einigen Jahren aus rechtlichen Gründen nicht mehr nennen, dafür aber »blaues Dorf«. Doch noch immer finden sich riesige Schlumpf-Figuren verteilt über die Stadt und Szenen mit den kleinen blauen Kreaturen und ihrem bösen Widersacher an den Häuserfassaden. Hier entstand im 18. Jahrhundert die erste Königliche Zinnfabrik San Miguel. Heute befindet sich an der Stelle ein Weingut mit einem der besten Weißweine Andalusiens. Bis zu 15 000 Flaschen werden jährlich produziert.

WEITERE INFORMATIONEN

ayuntamientoronda.es
juzcar.es

Durch die Lage auf dem steil abfallenden Felsplateau zählt Ronda, die Königin der weißen Dörfer, zu den spektakulärsten Orten Andalusiens.

52

VEJER DE LA FRONTERA – DAS RÄTSEL DER COBIJADA

SAGENHAFTE TRACHTEN

Auf einem Hügel, nicht weit von den Stränden der Costa de la Luz entfernt, liegt die Altstadt von Vejer de la Frontera. Bunte Blumentöpfe und Azulejos, traditionelle, aus Keramik gebrannte Kacheln, zieren die weißen Wände der Häuser und die belebten Plätze der Stadt.

Wie in vielen Dörfern maurischen Ursprungs winden sich auch in Vejer enge Straßen zum höchsten Punkt des Hügels hinauf. Vor dem Meer der weißen Häuser hebt sich eine schwarz verhüllte Frauengestalt ab. Die lebensgroße Statue stellt keine Klosterfrau in ihrer Ordenstracht oder eine Maurin in traditionellem Gewand dar. *La Cobijada* hat nichts mit der maurischen Vergangenheit der Stadt zu tun. Erst im 16. Jahrhundert, lange nach der Vertreibung der islamischen Bevölkerung von der Iberischen Halbinsel, begannen die Frauen in Vejer de la Frontera dieses spezielle Kleidungsstück zu tragen. Bei näherem Hinsehen erkennt man schnell die Unterschiede zwischen der aus Kastilien stammenden Tracht und einer Burka. Die *Cobija* lässt das linke Auge frei und wird wie ein Umhang abgestreift.

Die Frauen in Vejer tragen ihre traditionelle Tracht voller Stolz. Äußerlich sind die *Cobijas* kaum voneinander zu unterscheiden. Nur die fein gearbeitete Spitzen der weißen Bluse, die erst unter der schwarzen Hülle zum Vorschein kommt, verraten den sozialen Status ihrer Trägerin. In der ersten Hälfte des letzten Jahrhunderts drohte die aufwendige Tracht schon in Vergessenheit zu geraten. Doch in Vejer halten die Menschen an der *Cobija* fest. Jedes Jahr werden sieben Frauen ausgewählt, die die alte Tracht zu den Dorffesten tragen dürfen. Eine von ihnen wird zur *Cobijada Mayor* ernannt, die anderen sind Ehrendamen. Warum die Frauen in den kastilischen Städten vor ein paar Jahrhunderten begannen, diese Art Tracht zu tragen, weiß man heute nicht mehr. Manche behaupten, die Tracht sei ein Verzicht auf äußerliche Eitelkeiten. Möglicherweise versuchten die Damen einfach nur, ihre Haut vor der sengenden Sonne zu schützen.

Strategisch wertvoll

Rund eine halbe Stunde Autofahrt von Vejer entfernt liegen die Überreste der römischen Siedlung Baelo Claudia zwischen weißen Dünen direkt am Meer. An der malerischen Playa de Bolonia erheben sich auf einem überraschend großen Areal jahrtausendealte Säulen und Bögen. Im 2. Jahrhundert v. Chr. errichteten die römischen Eroberer an der Stelle einer kleinen iberischen Siedlung ihre Stadt. Mit bloßem Auge reicht der Blick auf die andere Seite der Meerenge, Afrika scheint hier zum Greifen nah. Schon für die Römer hatte die Lage Baelo Claudias eine wichtige, strategische Bedeutung. Doch nach einer kurzen Blütezeit erschütterte ein heftiges Seebeben die Stadt. Piraten und Plünderungen setzten dem Küstenort anschließend so schwer zu, dass die Menschen Baelo Claudia letztendlich verließen.

↙ Die Statuette La Cobijada am Mirador Paseo de la Cobijada
↓ Feine Meeresfrüchte; für den Thunfisch gibt es in Vejer zahlreiche Rezepte.

INFO

FANGFRISCH AUF DEN TISCH
Bis 1938 gehörten die Küstenorte von Barbate noch zu Vejer de la Frontera. Heute ist der Ort in ganz Spanien für den Thunfischfang bekannt. Der Beginn der Thunfischsaison ist im April, Mai. Japanische Käufer stehen dann bereit, um sich die besten Stücke zu sichern. Um in Spanien frischen Thunfisch zu essen, ist das Küstengebiet um Barbate die allerbeste Adresse. Für den *Atún de ijada* wird das frische Fischfilet einen Tag lang in Olivenöl, Knoblauch und Petersilie eingelegt und roh verzehrt. Getrockneter, in Scheiben geschnittener Thunfisch wird hingegen als *Mojama* serviert. Nahe der Ausgrabungsstätte von Baelo Claudia befindet sich direkt am Strand ein Restaurant. Auf der Terrasse sitzend kann man nicht nur die Überreste der römischen Siedlung, sondern auch die afrikanische Küste bewundern, die an klaren Tagen bloß einen Steinwurf entfernt zu liegen scheint, und garantiert fangfrischen Fisch probieren.

WEITERE INFORMATIONEN
Thunfisch, gadira.com/en
Restauranttipps, restauranteoterobolonia.com
Website Vejer, cadizturismo.com

53

ARCOS DE LA FRONTERA – ROUTE DER »PUEBLOS BLANCOS«

DIE WEISSEN DÖRFER

Vom Mirador Los Cabezuelos, am Ufer des Guadalete gelegen, aus betrachtet, scheint der Ort wie ein zäher Teig gemächlich den Hang hinabzufließen. Dicht aneinandergedrängt klammern sich die weißen Häuser und die Überreste der alten Burg an die schroffe Felskante.

In Arcos de la Frontera geht es bergauf. Um die unter Denkmalschutz stehende Altstadt zu erreichen, sollte man gut in Form sein. Entweder erklimmt man die Straße Cuesta de Belén im Westen oder man durchschreitet die Puerta de Matrera im Osten, in beiden Fällen ist die Steigung beachtlich. Die Puerta de Matrera stammt noch aus der Zeit der maurischen Herrschaft. Rund um ihre Festung legten die Mauren enge, verwinkelte Gassen an, um möglichen Angreifern die Eroberung zu erschweren. Wie viele Dörfer im Süden Andalusiens trägt Arcos den Zusatz »de la Frontera«. Auch wenn die Grenze zu Portugal ganz in der Nähe liegt, war mit *Frontera* damals eine andere Trennlinie gemeint. Die Bezeichnung stammt aus einer Zeit, in der die wichtigste Grenze, nämlich die zwischen der christlichen und der islamischen Welt, quer durch Andalusien verlief. Dieser *Frontera* zwischen den maurischen *Taifas* und den Katholischen Königreichen verdanken Orte wie Arcos bis heute ihren Namen.

Bezauberndes Erbe

Auf dem größten Platz der Altstadt, zwischen dem luxuriösen Parador und den Resten der maurischen Festung, erhebt sich die älteste Kirche der Stadt: die Basilika Santa María de la Asunción. Von der einst mächtigen Burganlage sind nach vielen Jahrhunderten und zahlreichen Umbauten durch christliche Herrscher Teile der Mauer und die wuchtigen Türme erhalten geblieben. Auch die Fassade der Kirche wirkt wehrhaft und massiv. Von der Basilika aus erstreckt sich die Plaza del Cabildo bis zu einer Aussichtsplattform, die den Blick auf das Tal, den Fluss und die umliegenden Felder freigibt.

Als in den 1970er-Jahren immer mehr Menschen die kleinen Dörfer der Sierras entdeckten, bewunderten sie die schneeweißen Häuser, die malerisch im Sonnenschein erstrahlen. Die weiße Farbe, die eigentlich nur die Funktion hatte, die Gebäude vor starker Sonneneinstrahlung zu schützen, wurde bald zu einer Art Markenzeichen der Gegend. Obwohl es mit Kalk getünchte Häuser in ganz Andalusien gibt, entwickelte sich im Hinterland der Costa del Sol und der Costa de la Luz, in einem Dreieck zwischen Málaga, Sevilla und Cádiz, eine touristische Route, die zu den schönsten dieser Dörfer führt. Zu den typischen *Pueblos blancos* gehören neben Arcos de la Frontera auch Algar, Vilamartin, Grazalema und Setenil de la Bodega. Die Route umfasst insgesamt elf Dörfer, die durch ihr maurisches Erbe miteinander verbunden und doch einzigartig sind.

INFO

GENUSSMEILE
Kurz hinter dem Büro der Tourismusinformation kommen die ersten Bars und Restaurants der Altstadt in Sicht. Vorbei an El Cárcel, einem Restaurant, das sich vermutlich wegen der vergitterten Fenster »das Gefängnis« nennt, gelangt man zur Gastrobar El Retablo. Auf der kleinen Terrasse speist man mit Blick auf das prachtvolle Seitenportal der Basilika Santa María. Das Essen ist köstlich und die Bedienung hilfsbereit und sympathisch. Gute Empfehlungen fürs Abendessen sind auch das Mesón Patio Andaluz mit Innenhof, das einfache Restaurante Aljibe und die außerhalb gelegene, auf Grillgerichte spezialisierte Campo de tiro Hacienda el Rosalejo.

WEITERE INFORMATIONEN
Restaurant El Retablo,
gastrobar-el-retablo.negocio.site
Oficina de Turismo, turismoarcos.es
Eine Karte mit kleinen Wanderungen rund um Arcos gibt es hier: arcosdelafrontera.es/index.php/rutas
Ausführliche Info zur Route der weißen Dörfer: spain.info/de/spanien-entdecken
Basilica Santa Maria: andalucia.org/de

↖ Blick von der Plaza del Cabildo auf die Iglesia Santa Maria de la Asunción
↑ Traumhaftes Setting: Restaurant mit Schattenplätzen in den Gassen von Arcos

54

JEREZ DE LA FRONTERA – SHERRY, PFERDE UND FLAMENCO

HEIMAT DES LIKÖRWEINS

Am südlichen Zipfel Spaniens, zwischen Bergen und Meer, liegt Jerez de la Frontera. Bereits 1587 erlangte der Ort in England Berühmtheit, als Sir Francis Drake die spanische Flotte vor Cadiz schlug und 2900 Fässer Sherry erbeutete. Briten und Britinnen erlagen dem Likörwein – und tun das bis heute.

Seit mehr als 3000 Jahren wird in der Region um Jerez Wein produziert. Im 13. Jahrhundert wurde er zum wichtigsten Exportgut und als *Sherish* in England vertrieben. Das war der maurische Name des heutigen Jerez. Die Engländer machten daraus das Wort *Sherry.* Gemeint war aber nicht der Likörwein, wie man ihn heute kennt. Im 18./19. Jahrhundert änderten die Winzer die Herstellung des Weins, um konstante Qualität auf den weiten Transportwegen zu gewährleisten und ihn besser lagern zu können. Seitdem wird der Weißwein nach der Gärung mit Branntwein versetzt, dadurch steigt der Alkoholgehalt auf 15 bis 17 % Vol. In Holzfässern reift er dann weiter und wird in mehreren Stufen mit jüngeren Jahrgängen vermischt – das sogenannte Solera-Verfahren. Um den Sherry zu schützen und damit auch die Qualität, die Herstellung sowie den Export, wurde im Jahr 1933 ein Kontrollgremium gegründet.

Alle Produkte mit der Bezeichnung Jerez, Xérèz oder Sherry müssen aus der Region um die Städte Jerez de la Frontera, Sanlúcar de Barrameda und El Puerto de Santa María stammen und nur aus bestimmten Weißweinsorten hergestellt werden. Es gibt den Likörwein in unterschiedlichen Geschmacksrichtungen – angefangen beim hellen, trockenen Fino bis zum dunklen, süßen Jerez dulce. Die Spanier haben eine Vorliebe für den Fino, den sie im Sommer mit Limonade vermischt trinken – als Rebujito.

Das historische Zentrum

Die Altstadt von Jerez lockt mit schönen Bauwerken in verwinkelten Gassen. Das älteste Gebäude der Stadt ist der Alcázar de Jerez, eine Festung, die im 12. Jahrhundert unter der Herrschaft der Almohaden errichtet wurde. Die mächtigen Mauern haben einen Umfang von vier Kilometern. Im Inneren der Festung gibt es Badesäle unter Deckengewölben mit sternförmigen Aussparungen, um Licht hineinzulassen. Im 18. Jahrhundert wurde zudem der Palacio de Villavicencio erbaut. Sein barocker Turm verfügt über eine Lochkamera, die einen Panoramablick über die Stadt ermöglicht. Nordwestlich des Alcázars befindet sich die reichverzierte Catedral de Jerez mit ihrem freistehenden Glockenturm im Mudéjarstil. An gleicher Stelle stand früher eine Moschee, dann eine Kirche. Die Kathedrale aus dem 17. Jahrhundert vereint gotische, barocke und klassizistische Elemente. Sehenswert ist das Innere mit den Kapellen und dem Bild »La Virgen Niña« des Malers Francisco Zurbarán. Eine Kirche läuft der Kathedrale allerdings den Rang ab: Die Iglesia de San Miguel aus dem 15. Jahrhundert gilt als

← Jedes Jahr im Mai findet das Festival der Pferde statt. Bei der Feria del Caballo geht es natürlich um edle Rösser, Flamenco und Sherry.

← Die Calle Larga, ist die belebteste Straße im historischen Zentrum. Überall finden sich Bars und Cafés, wo man sich z. B. auf einen Sherry trifft. ↘ Besonders schön erstrahlt die Kathedrale bei Dämmerung. Auf den umliegenden Plätzen wachsen Orangenbäume, die ihren Duft verströmen.

schönstes Gotteshaus der Stadt wegen ihrer Fassade, dem Turm, der mit blauen Kacheln verkleidet ist, und dem goldenen Hauptaltar.

Ursprung des Flamencos

Im Santiago-Viertel hat das Andalusische Zentrum für Flamenco seinen Sitz im Palacio Pemartín. Es ist das größte Dokumentationszentrum für Flamencokunst und steht allen Interessierten offen. Santiago ist berühmt als Flamenco-Viertel mit einer Vielzahl an einschlägigen Bars. Hier in der Stadt kamen viele bekannte Flamenco-Sängerinnen *(Cantaores)*, Tänzerinnen *(Bailaores)* und Gitarristen zur Welt. Der ausdrucksstarke Tanz mit den schönen Kleidern und den nägelbeschlagenen Schuhen wurde 2010 von der UNESCO in das immaterielle Weltkulturerbe aufgenommen. Wie er entstanden ist, darüber scheiden sich die Geister; es gibt dazu keine schriftlichen Aufzeichnungen, allenfalls Vermutungen. Die Anfänge gehen wahrscheinlich auf die *Gitanos* zurück, eine Volksgruppe der Roma, die sich im 15. Jahrhundert in der Gegend niederließ. Über Jahrhunderte hinweg wurden sie schikaniert; ihre Gefühle drückten sie im Gesang aus. Dahinein mischte sich andalusische Volksmusik, ihrerseits von Mauren und Juden beeinflusst.

Zuerst war der Flamenco etwas Privates und wurde nur bei Familienfeiern oder Volksfesten aufgeführt. Im 19. Jahrhundert verbreitete er sich in ganz Andalusien und gewann mit der Eröffnung der ersten Flamenco-Lokale, *Café cantates,* in Sevilla (1885) an Beliebtheit. Heutzutage gilt das zweiwöchige Festival de Jerez als eine der wichtigsten Flamenco-Veranstaltungen weltweit. Es finden nicht nur Shows mit großen Namen statt, sondern auch Tanzkurse und Workshops.

Die tanzenden Pferde

Nördlich der Altstadt befindet sich die Königlich-Andalusische Reitschule, Real Escuela Andaluza del Arte Ecuestre. Sie ist untergebracht im Palacio del Recreo de las Cadenas, umgeben von einem weitläufigen Park. Entworfen hat den Palast der französische Architekt Charles Garnier, der auch für die Pariser Oper verantwortlich ist. Die rund einstündige Dressurschau *Como bailan los Caballos Andaluces* (»Wie die andalusischen Pferde tanzen«), die zwei- bis dreimal die Woche stattfindet, hat die Reitschule bekannt gemacht. Zu sehen sind sechs bis acht verschiedene anspruchsvolle Choreografien aus der klassischen Dressur, begleitet von typisch spanischer Musik. Reiterinnen und Reiter tragen Kostüme im Stil des 18. Jahrhunderts, die Pferde klassisches Geschirr, auch Kutschen kommen zum Einsatz. Das erste Mal fand die Show von Don Álvaro Domecq Romero 1973 statt, als ihn der damalige Kronprinz Juan Carlos mit dem *Caballo de Oro* (»Goldenes Pferd«) auszeichnete. Es ist zugleich das Gründungsjahr der Reitschule, die dem Schutz und der Förderung der spanischen Pferderasse dient. Später ging die Schule in den Besitz einer Stiftung über.

INFO

BODEGA-HOPPING

Über ganz Jerez verteilt gibt es zahlreiche Sherry-Bodegas, die Führungen und Verkostungen anbieten – und die ein oder andere Besonderheit. Die Bodegas Tradición besitzt eine der besten privaten Gemäldesammlungen Andalusiens. In Wechselausstellungen werden hier Werke spanischer Maler aus dem 14. bis 19. Jahrhundert gezeigt wie Goya, El Greco, Zurbarán und Velázquez. In der Bodega del Molino haben Stars wie Bo Derek und Charlton Heston sowie das spanische Königshaus Fässer mit ihren Unterschriften verziert. Die Bodega de la Mezquita wurde im sogenannten Catedral-Stil erbaut, 4000 geschwungene Bögen tragen die hohe Decke. Sie ist Teil des ältesten Weinguts der Stadt, von Pedro Domecq 1730 gegründet. Dem Unternehmen González Byass gehört nicht nur die muschelförmige Bodega La Concha, 1862 vom französischen Architekten Gustave Eiffel entworfen, sondern auch das erste Sherry-Hotel der Welt. Das Hotel Bodega del Tío Pepe befindet sich ganz in der Nähe der Kathedrale.

WEITERE INFORMATIONEN

turismojerez.com
andalucia.org
yeguadacartuja.com
realescuela.org
bodegastradicion.es

Auf 40 000 Quadratmetern lagern in der Bodega de la Mezquita hunderte Eichenfässer mit Sherry.

55

EL ROCÍO – VON WALLFAHRERN UND WILDEN PFERDEN

WO DIE STRASSEN AUS SAND SIND

Ganz im Westen Spaniens, am Rande des Naturparks La Doñana, liegt das Paradies der Pferde. Auf den sandigen Straßen des kleinen Orts bewegt man sich am besten hoch zu Ross vorwärts. Wer nicht reiten mag, fährt mit der Pferdekutsche oder geht zu Fuß.

Ebenso wie die an der Küste liegende Siedlung Matalascañas gehört auch das Dörfchen El Rocío zur Gemeinde Almonte. El Rocío ist zwar der kleinste, aber auch der spannendste der drei Ortsteile mitten im Naturpark Coto de Doñana. Und das nicht nur, wenn zu Pfingsten zigtausend Gläubige zur weißen Ermita aus dem 14. Jahrhundert pilgern. Die Romería del Rocío zählt zu den bekanntesten Wallfahrten Spaniens. Mit den Phönizern gelangte bereits im 9. Jahrhundert vor Christus der Kult der Göttin Astarté an die Ufer der Iberischen Halbinsel. Das Volk der Händler verehrte die schöne Astarté als ein Symbol der Reinheit, der Liebe und der Natur. Im Laufe von rund 300 Jahren errichteten die vorwiegend in der Nähe von Huelva, Cádiz und Sevilla lebenden Siedler zahlreiche Tempel, wie die Überreste gefundener Anlagen beweisen. Ähnlich wie Nuestra Señora de El Rocío wurde die phoenizische Göttin meist mit einem Halbmond dargestellt. Sowohl die Muttergottes als auch Astarté bezeichneten die Gläubigen als »weiße Taube«. Möglich wäre es also, dass die katholische Huldigung Unserer Lieben Frau von El Rocío an der Verehrung einer wesentlich älteren, paganen Gottheit anknüpft.

Das Primat der Pferde

Wenn die Pferdezüchter am 26. Juni die Stuten und ihre Fohlen von den feuchten Wiesen des Naturparks Coto de Doñana zusammentreiben, um sie auf dem Marktplatz in Almonte zu sammeln, dann führt ihr Weg dabei durch El Rocío. Es ist ein atemberaubendes Spektakel, wenn die eleganten Tiere zur weißen Ermita galoppieren. Seit einigen Jahren sind die in den Weiten der Sumpflandschaften lebenden *Marismeños* als eigenständige Pferderasse anerkannt. Ihr Name leitet sich von den *Marismas,* den Sümpfen des Guadalquivir-Deltas ab, aus dem die Tiere stammen.

Wenn die Mähnen der stolzen Stuten wehen, der Sand unter tausend Hufen aufspritzt, wenn sie mit ihren Fohlen an der kleinen Kirche vorbeilaufen, dann ist das nicht nur für die noch jungen, in der Freiheit des Naturparks geborenen Pferde ein aufregender Ausflug. Auch die Pferdezüchter erwarten diesen besonderen Tag mit Freude und Spannung. Obwohl es hier längst Jeeps und schicke Geländewagen gibt, hat sich in El Rocío das Ambiente einer Westernstadt bis heute gehalten. Denn nach wie vor kann man an jedem beliebigen Tag des Jahres Männer und Frauen lässig auf ihren Pferden über die Plätze und durch die breiten Straßen der Stadt reiten sehen.

INFO

WEGE IN DIE WILDNIS

Der Naturpark Coto de Doñana liegt zwischen zwei Kontinenten am Zusammenfluss von Atlantik und Mittelmeer und ist ein wichtiges Feuchtgebiet der Iberischen Halbinsel. Der Park erstreckt sich im Südwesten Andalusiens über 540 Quadratkilometer und ist das Zuhause des Iberischen Luchses, von rosa Flamingos und über 230 Vogelarten. In den Weiten des Parks grasen halbwilde Pferde; Wanderdünen durchziehen die Uferlandschaft. Um die Natur hautnah zu erleben, kann man sich zu Fuß oder mit dem Rad auf einen der gekennzeichneten Wege durch den Park machen. Für Jeeptouren muss man sich vorab in den Besucherzentren anmelden, denn die Anzahl der Plätze ist begrenzt, und die Touren sind schnell ausverkauft. Außer in El Rocío gibt es auch im Besucherzentrum von Matalascañas Möglichkeiten, den Naturpark zu entdecken.

WEITERE INFORMATIONEN

Besucherzentren Parque Nacional de Doñana:
La Rocina, Carretera A-483 km 27,5, 21750 El Rocío oder El Acebuche Carretera A-483 El Rocío-Matalascañas, km 12, 21760 Almonte

↖ Reiter auf dem Platz vor der Kirche Santuario de Nuestra Señora del Rocío
↑ Die Naturlandschaften rund um El Rocío gehören zum Nationalpark Coto de Doñana.

56

AYAMONTE – TIEF IM WESTEN ANDALUSIENS

AM UFER DES GUADIANA

Weitab der großen Städte, am südwestlichen Rand Spaniens, geht es in dem kleinen Ayamonte alles andere als beschaulich zu. Lautstark begleiten schreiende Möwen die Fischerboote in den Hafen, quirlig und bunt tobt das Leben auf den hübschen Plätzen der Altstadt.

Bis in die 1970er-Jahre war die kleine Autofähre in Ayamonte weit und breit die einzige Möglichkeit, den Grenzfluss zu überqueren. Erst seit 1991 verbindet eine Autobahnbrücke Spanien mit Portugal. Heute stehen statt langer Autoschlangen nur ein paar Fußgänger und Radfahrer an der Anlegestelle, von der es mit dem Schiff einmal pro Stunde ans Ufer im benachbarten Vila Real de Santo António geht.

Die Mudéjarkirche Nuestro Señor del Salvador oben auf dem Hügel ist die älteste Kirche Ayamontes. Rund um die Kirche ist das ehemalige Fischerdorf am Guadiana einst entstanden. Im Laufe der Zeit wuchsen die weißen Häuser und die Straßen jedoch immer näher an den Fluss heran. Durch ein enges Gewirr belebter Gassen, vorbei an der Kirche Nuestra Señora de las Angustias, geht es auf die Plaza de la Laguna. Vor dem Rathaus erhebt sich eine Madonna im Sonnenschein. Jeden Nachmittag füllt sich der mit blau gekachelten Bänken geschmückte Platz mit spielenden Kindern und plaudernden Erwachsenen. Üppig wuchernde Bougainvillea lassen ihre rosa und violetten Blütenblätter wie Konfetti zu Boden fallen.

Zur Gezeitenmühle

Immer näher an die Küstensiedlungen Isla Canela und Isla Cristina rücken die neuen Stadtviertel Ayamontes in das weite Feuchtgebiet vor, das sich zwischen dem Guadiana und den Stränden des Atlantiks ausbreitet. Inmitten der sumpfigen Landschaft liegt eine der wenigen noch erhaltenen Gezeitenmühlen. Vor rund zehn Jahren wurde die Mühle aus dem 16. Jahrhundert von einem privaten Verein vor dem Verfall gerettet. Nach einer aufwendigen Restaurierung konnte in der Molino de Mareas 2009 ein liebevoll eingerichtetes Öko-Museum eröffnet werden.

Bei den regelmäßig stattfindenden Führungen erfährt man, wie umweltfreundlich und kostengünstig diese Art der Energiegewinnung war. Die Mühlräder, die das Getreide zu Mehl mahlten, wurden über ein einfallsreiches hydraulisches System angetrieben. Bei Flut sammelte der Müller das Meerwasser in einem Teich hinter der Mühle. Durch das Herabsinken der Schleusenklappe bei nachlassendem Wasserzufluss wurde die Schleuse automatisch versperrt. Das Wasser staute sich im Becken. Wenn der Müller bei Ebbe die angestauten Wassermassen wieder zurückströmen ließ, setzten sie auf dem Weg zum Meer das Mühlrad in Gang.

↙ Am Rande des Guadiana schaukeln in Ayamonte die Boote im kleinen Hafenbecken.
↓ Die kalte Salmorejo schmeckt an heißen Sommertagen besonders lecker.

INFO

TAPAS-GENUSS

Die »breite Tür«, La Puerta Ancha, heißt ein kleines Restaurant an der Plaza Laguna, wenige Schritte vom Rathaus und der Fähre entfernt. Im wunderhübschen Hinterhof des traditionellen Lokals finden im Sommer Flamencoaufführungen statt, in den Wintermonaten kann man Tanzunterricht nehmen. Serviert werden klassische Tapas wie Schinken, Käse, *Chocos* oder *Croquetas*, kleine Gerichte wie *Albondigón Flamenco* oder *Pollo al Curry*, aber auch *Salmorejo* oder köstliche vegetarische Optionen wie *Tabule* oder *Espinacas con Garbanzos*.

WEITERE INFORMATIONEN

La Puerta Ancha, lapuertaancha.es
Ecomuseo El Molino de El Pintado, ayamonte.info/ecomuseo-molino-del-pintado
Fähre, ayamonte.info/horarios-ferry-ayamonte-portugal-villa-real-de-santo-antonio
Infos zu den Kirchen und der Geschichte Ayamontes: andalucia.org/de/ayamonte
An der Küste Ayamontes liegen die Strände von Isla Cristina und Isla Canela, islacanela.es/isla-canela

57

MÉRIDA – DIE RESIDENZ DES KAISERS

DIE METROPOLE AUGUSTA EMERITA

Erstaunlicherweise verirren sich nur wenige Touristen in die Extremadura. Dabei ist Mérida einer dieser Orte, an denen man Geschichte atmen kann, so sehr ist die Stadt von ihrer großen Vergangenheit durchdrungen. Trotz ihrer Kulturschätze ist Mérida bis heute ein beschauliches Städtchen geblieben.

Noch zu Beginn des letzten Jahrhunderts ragten lediglich ein paar Säulen aus der Erde. Kaum jemand ahnte, welche Schätze in Mérida unter der Erde schlummerten. Erst 1910 begannen die Ausgrabungen, bei denen das beeindruckende römische Theater, das Teatro Romano, zum Vorschein kam. Die nach Kaiser Augustus benannte Stadt Emerita Augusta war im 1. Jahrhundert v. Chr. zur Hauptstadt der westlichen Provinz der Iberischen Halbinsel ernannt worden. Um diesem Status gerecht zu werden, brauchte die Stadt repräsentative Gebäude. Die Errichtung des Theaters war eine Prestigefrage. Wie zahlreiche Inschriften belegen, war der ruhmreiche Feldherr und Schwiegersohn des römischen Kaisers Marcus Agrippa verantwortlich für den Bau der großzügigen Anlage. Das Teatro Romano fasste an die 6000 Zuschauer, die ihrem sozialen Stand gemäß auf den verschiedenen Rängen der Tribüne Platz fanden. Die monumentale Bühne und die pompösen Aufführungen sollten die Menschen in den entferntesten Winkeln der Welt von der Macht und Glorie des römischen Imperiums beeindrucken.

Auguren und Herrscherkult

Im Gegensatz zu dem als propagandistisches Massenmedium angelegten Teatro kämpften im dahinter liegenden Amphitheater tapfere Gladiatoren gegen wilde Tiere. Ein Unterhaltungsangebot, das eher dem Geschmack der Bevölkerung entsprach. Ein anderer beliebter Zeitvertreib im Imperium waren die Wagenrennen. Das weitläufige Gelände des Circus lag vor den Toren der Stadt. Dort bewiesen die mutigsten jungen Männer ihr Können. Der Circus Maximus in Mérida galt nach dem Circus in Rom als einer der bedeutendsten des Reichs.

Diesen guten Ruf hatte die Stadt vor allem den Pferden zu verdanken, denn die lusitanischen und andalusischen Rösser, die hier an den Start gingen, galten im Altertum als die besten Rennpferde. Die Zuschauer verehrten vor allem die Fahrer der schnellen Rennwagen. Die Auguren waren die sportlichen Superstars des alten Roms. Wer sich mit den Pferden geschickt anstellte, konnte reich und berühmt werden, selbst wenn er aus einfachen Verhältnissen stammte.

Dort, wo einst das Forum lag, reger Treffpunkt und Herz jeder römischen Stadt, erheben sich heute moderne Wohnhäuser. Sie umringen den einzigen römischen Tempel, der bis in unsere Zeit überlebt hat, den Templo de Diana. Allerdings war die Tempelanlage wahrscheinlich nicht der Göttin der Jagd gewidmet. Die Bezeichnung beruht auf der irri-

→ Erstaunlich gut sind die römischen Ruinen wie der Templo Diana erhalten geblieben. Seine Reste stehen mitten im Stadtzentrum.

gen Annahme eines Archäologen aus dem 17. Jahrhundert. Später fanden Forscher Skulpturen, die eher auf einen imperialen Kult hinweisen. Auch der prominente Platz des Tempels zeugt von der Bedeutung der Anlage. Von Kaiser Augustus weiß man, dass er diese überhöhte Bewunderung des Kaisertums förderte, indem er geschickt alte Traditionen mit religiösen Vorstellungen verknüpfte. So entstand ein Herrscherkult mit patriotistischen Zügen. Man geht heute davon aus, dass der Diana-Tempel dem Kaiser, nicht der Göttin der Jagd, gewidmet war.

Aquädukte trotzen der Zeit

Fast gänzlich unbeschadet scheinen die Aquädukte Méridas die Jahrtausende überstanden zu haben. Vermutlich war der eindrucksvolle Anblick, den die römische Wasserleitung aus Granit und rotem Backstein den Menschen bot, der Grund dafür, dass man das zweitausend Jahre alte Aquädukt bis heute Los Milagros, »die Wunder«, nennt. In einer Höhe von 25 Metern floss das Wasser in die Stadt, entnommen aus dem aufgestauten Flüsschen Las Pardillas. Doch Los Milagros war nicht die einzige Wasserleitung. Insgesamt versorgten drei Aquädukte die Bevölkerung Méridas mit Wasser. Vom zweiten Aquädukt, San Lázaro, sind nur ein paar der Säulen im Original erhalten geblieben. Der Rest der offensichtlich gut erhaltenen Struktur stammt von einer Restaurierung im 16. Jahrhundert.

Nach der Eroberung Méridas durch maurische Truppen im 8. Jahrhundert ließ der Emir von Córdoba die römische Stadtmauer einreißen und errichtete eine mächtige Festung am Ufer des Guadiana. Damit ist die Alcazaba aus dem 9. Jahrhundert das älteste maurische Bauwerk der Iberischen Halbinsel. Bis heute sind nur Teile der imposanten Verteidigungsanlage freigelegt. In der Mitte der Alcazaba befand sich eine Mezquita, unterhalb derer die Archäologen auf eine Zisterne stießen. In dieser *Aljibe* konnte im Fall einer Belagerung lebensnotwendiges Wasser gespeichert werden. Die Säulen am Eingang sind mit ungewöhnlichen Pflanzenmotiven verziert. Offensichtlich recycelten die Mauren hier vorgefundene Elemente eines visigothischen Bauwerks.

Mittelalterliches Mérida

Von der Mauer der arabischen Festung aus bietet sich ein wunderbarer Blick auf den Fluss und die erstaunlich gut erhaltene Brücke. Bis in die 1990er-Jahre hinein wurde das steinerne Bauwerk sogar noch für den Autoverkehr genutzt. Mit einer unglaublichen Länge von beinahe 800 Metern reicht sie vom Fuß der Burg über eine kleine Flussinsel bis ans andere Ufer. Als spanische Eroberer Amerika entdeckten, blühte Mérida noch einmal auf, denn die Route der Silberschätze, die schwer beladene Schiffe vom amerikanischen Kontinent in die alte Heimat brachte, führte vom Hafen in Cádiz über Mérida in den Norden nach Asturien und Santigo de Compostela.

↗ In Mérida gibt es viele kleine Ultramarinos, in denen früher Delikatessen aus »Übersee« verkauft wurden.
↖ Das Aquädukt Los Milagros erscheint auch heute noch wie ein Wunder, wenn man davorsteht.
← Das römische Theater gehört zu den vielen bestens erhaltenen antiken Bauwerken.

INFO

MUSEUM ZUM KULT
Absolut sehenswert ist das Museum der römischen Geschichte, gleich neben dem Theater und dem Amphitheater. Das Nationalmuseum für römische Kunst zeigt Skulpturen, Mosaike, Münzen und andere Gegenstände, die einen Einblick in das Alltagsleben der römischen Stadt geben. Die Architektur des Gebäudes, entworfen von Rafael Moneo Vallés, bringt die Exponate einfühlsam zur Geltung. Eine Abteilung widmet sich der Religion des Mithras, die bis heute viele Geheimnisse birgt. Fest steht, dass der Mithraskult eine im gesamten Mittelmeerraum verbreitete Religion war, die erst vom aufkommenden Christentum abgelöst wurde. Das Nationalmuseum für Römische Kunst wurde 1975 zur 2000-Jahr-Feier der Gründung von Merida eröffnet. Beim Bau fand sich eine Totengruft, die heute Bestandteil der Ausstellung ist.

WEITERE INFORMATIONEN
Mit einem einzigen Ticket für 15 Euro kann man das römische Theater, Amphitheater, die Alcazaba, den Circo Romano, die Casa de Mitreo und weitere Monumente besichtigen. Das Museo Nacional de Arte Romano MNAR ist allerdings nicht enthalten, culturaydeporte.gob.es/mnromano/home.html
Museo Nacional de Arte Romano MNAR, turismoextremadura.com/es/en

Der Besuch des Museums der römischen Geschichte ist ein Muss.

58

CÁCERES – DIE MONUMENTALE

BUNTE STADT VIELER KULTUREN

Bereits 1986 wurde die Altstadt von Cáceres mit ihren Kirchen und Palästen in die Liste des Weltkulturerbes der UNESCO aufgenommen. Bei einem Spaziergang durch alte Stadttore und über schöne Plätze trifft man stumme Zeugen ganz unterschiedlicher Kulturen, die die Stadt prägten.

Der Arco de la Estrella, der Sternenbogen, war einst das Haupteingangstor der Stadt. In einer kleinen Nische steht noch immer die Virgen de la Estrella, die dem Bogen bis heute seinen Namen gibt. Von der Plaza Mayor kommend durchschreitet man das breite Tor, um ins historische Zentrum von Cáceres zu gelangen. Doch diese Pforte ist nicht nur wegen ihrer Lage wichtig, sondern sie hat für die Einwohner der Stadt auch eine symbolische Bedeutung. Im 15. Jahrhundert verliehen die Katholischen Regenten, Isabella von Kastilien und Fernando de Aragón, der Stadt Cáceres an dieser Stelle besondere Privilegien, die sogenannten *Fueros*. Um Platz für Pferdekutschen zu schaffen, verbreiterte man im 18. Jahrhundert das Portal. Direkt neben dem Torbogen erhebt sich der massive Torre de Bujaco, einer der wenigen Türme, die noch aus der Zeit der maurischen Herrschaft stammen. Heute ist dort ein Dokumentationszentrum zur Stadtgeschichte untergebracht.

Die Altstadt, ein Weltkulturerbe

Alle Kulturen, die in früheren Jahrhunderten über Cáceres herrschten, hinterließen ihre Spuren. Reste der römischen Siedlung *Norba Caesarina* finden sich unterhalb des Palacio de Mayoralgo oder in Form von Inschriften auf den wiederverwerteten Steinbrocken alter Gebäude. Aus der Zeit der maurischen Besiedlung ist neben Teilen der Stadtmauer und diversen Türmen auch eine *Aljibe* erhalten geblieben. Die maurische Zisterne liegt heute unter dem Palacio de Veletas. Ein schmaler Gang führt hinab in das kühle Gewölbe, in dem das lebenswichtige Wasser gespeichert wurde. Diese architektonische Glanzleistung wussten auch die christlichen Könige zu schätzen, die die Mauren im 12. Jahrhundert aus Cáceres vertrieben.

Nachdem König Alfonso IX. von León im 13. Jahrhundert Cáceres von den Portugiesen erobert hatte, entstanden die Pläne zum Bau des wichtigsten christlichen Bauwerks, der Concatedral de Santa Maria. Im romanischen Stil begonnen und mit zahlreichen Elementen anderer Architekturstile erweitert, erfolgte die Fertigstellung erst im 16. Jahrhundert. Den Titel einer Concatedral trägt die Kirche, seit Cáceres und Coria in den 1950er-Jahren gemeinsam zum Bischofssitz ernannt wurden. Auf den Überresten der maurischen Mezquita, am höchsten Punkt der Stadt, erhebt sich die Kirche San Mateo aus dem 16. Jahrhundert. Das Wahrzeichen der Stadt und auf fast allen Fotos von Cáceres zu sehen ist jedoch die Iglesia de San Francisco Javier mit ihrer barocken Fassade.

INFO

FILMREIFE LANDSCHAFT

Außerhalb von Cáceres, nahe dem Dörfchen Malpartida, erstrecken sich die Barruecos, eine grüne Naturlandschaft, in der sich dicke Granitfelsen wie achtlos hingewürfelt über Wiesen und Felder verteilen. Dazwischen tüpfeln kleine Bäche, Teiche und Stauseen die Landschaft. Wanderwege wie die 30-minütige Ruta de las Peñas del Tesoro oder die drei Stunden dauernde Ruta de la Charcas führen durch die Barruecos. Auch Filmemacher haben die Schönheit der Landschaft längst als Kulisse für mittelalterliche Filme oder Serien wie »Game of Thrones« entdeckt. Doch auch die Fauna lebt hier auf: Außer Ottern und Molchen trifft man die Könige der Barruecos, die schwarzweiß gefiederten Störche. Auf Bäumen, Kirchtürmen und Kränen hocken sie dicht an dicht in ihren Nestern und klappern.

WEITERE INFORMATION

Museo de Cáceres, museodecaceres.juntaex.es
Monumento Natural Los Barruecos – Centro de interpretación, malpartidadecaceres.es
Festival, womad.org
Tourismusinformation, turismo.caceres.es

↖ Cáceres ist die Hauptstadt der gleichnamigen Provinz mit beinahe 100 000 Einwohnern.
↑ Die Kulisse von Los Barruecos hat schon Filmcrews aus aller Welt angezogen.

59

ZAFRA – SEVILLAS KLEINE SCHWESTER

LEBENDIGE VERGANGENHEIT

Im Süden der Extremadura spürt man den Einfluss Andalusiens. Hier wird Flamenco getanzt und Iberischer Schinken kunstfertig in hauchdünne Scheiben geschnitten. Die Menschen treffen sich in den Bars und auf den Plätzen – das Leben spielt sich draußen ab.

Das heutige Zafra im Süden der Extremadura entstand aus einer maurischen Burg, die im 13. Jahrhundert von christlichen Herrschern erobert wurde. Die ältesten Häuser des historischen Ortskerns stammen aus der Zeit, in der die Großmeister des Ritterordens de Santiago die Geschicke der Stadt lenkten. Die von Bögen im Mudéjarstil umsäumte Plaza Chica ist der älteste Platz Zafras, auf dem im Mittelalter der Markt stattfand. An einer Säule sind die Einkerbungen der damals üblichen Maßeinheiten wie Hand, Elle, Spann, Zoll, Schritt oder Fuß zu sehen.

Unter den Arkaden im Durchgang zur Plaza Grande befindet sich *el Retablo de la Esperancita.* Das Altarbild gehörte zu der Klosterkirche, die bis ins 16. Jahrhundert an eben der Stelle stand, an der sich heute der großzügige Platz erstreckt. An den Häusern der engen Straßen, die auf die Plaza Grande führen, sind kleine Nischen im Mauerwerk zu erkennen. Um den Platz bei den traditionellen Stierläufen, die hier früher stattfanden, abzuriegeln, klemmte man schwere Holzbalken in die Nischen und versperrte so den Stieren den Weg.

Das Tor der Schuster

Unweit der von kleinen Bars und Restaurants umstandenen Plätze befindet sich eines der bis heute erhaltenen Eingangstore Zafras. Der Arco de Jerez ist ein Teil der Stadtmauer aus dem 15. Jahrhundert. Durch dieses Tor führte der Weg nach Süden. Wer aus Jerez de los Caballeros kommend die Stadt betrat, erblickte zunächst die Symbole der Schuhmacherzunft, die dieses Tor finanziert hatte. Neben dem Abdruck des *Pie Castellano,* der Maßeinheit, nach der sich in Zafra alle Schuster zu richten hatten, zieren die Darstellungen der Brüder Crispín und Crispiniano, der beiden Schutzheiligen der Schuster, das Portal. Wer auf dem Markt von Zafra seine Waren feilbieten wollte, musste hier den entsprechenden Zoll entrichten. Der Arco de Jerez diente also nicht nur dem Schutz der Bevölkerung, sondern war auch eine wichtige Einnahmequelle der Stadt.

Durch die belebte Calle de Sevilla gelangt man zu einem anderen Portal. Zwischen Modeboutiquen liegt der Eingang des Klarissenklosters aus dem 15. Jahrhundert. Fünfzehn Ordensschwestern leben im Convento de Santa Clara in Klausur und verdienen ihren Lebensunterhalt mit der Produktion von süßem Gebäck, das sie durch eine Klappe in der Klostermauer verkaufen.

↙ Die Plaza Grande säumen zahlreiche Geschäfte und Restaurants.
↓ Im Museo del Jamón Ibérico dreht sich alles um den feinen Schinken der Region.

INFO

DIE HEIMAT DES IBERISCHEN SCHINKENS

Endlos scheinende Haine mit Stein- und Korkeichen bestimmen die Landschaft der Extremadura. Diese *Dehasas*, wie die als Weideland genutzten Flächen heißen, sind die Heimat der Stiere und Schweine. Besonders die schwarzen *Cerdos ibericos* sind wegen ihres wohlschmeckenden Schinkens sehr begehrt. Auf den riesigen Weideflächen der Extremadura ernähren sich diese dunklen Schweine ausschließlich von grünem Gras und Eicheln, den *Bellotas*. In dem kleinen Ort Monesterio erklärt ein interaktives, kostenloses Museum die Unterschiede beim spanischen Schinken. Als höchste Qualitätsstufe gilt der *Jamón Ibérico de Bellota*. In dem kleinen Museum erfährt man auch, welche soziale Bedeutung der Schweinehaltung in den Dörfern der Extremadura zukommt.

WEITERE INFORMATIONEN

Convento Santa Clara und Museum, museozafra.es
Website für geführte Touren, turismozafra.com
Burg, parador.es
Museo del Jamón Ibérico,
museodeljamondemonesterio.com

60

JEREZ DE LOS CABALLEROS – STADT DER FÜNF TÜRME

DAS ERBE DER TEMPELRITTER

Fünf Türme beherrschen das Panorama der kleinen Stadt auf dem Hügel im Süden der Extremadura. Die Kirchtürme erzählen die Geschichte des Orts: von der maurischen Siedlung Xeres und der blühenden Stadt der Tempelritter. Seit gut 50 Jahren gilt Jerez de los Caballeros zudem als ein Monument der Kunstgeschichte.

Jerez de los Caballeros blickt auf eine lange Geschichte zurück. Laut einer Inschrift im Innenraum der Iglesia Santa María de la Encarnación wurde die Kirche bereits im 6. Jahrhundert geweiht. Unter maurischer Herrschaft diente sie eine Zeit lang als Moschee, bis die Stadt von christlichen Rittern erobert wurde. Dank der tatkräftigen Unterstützung des Templerordens gelang es Alfonso IX. von León 1230, die Mauren aus Xeres zu vertreiben. Der König zeigte sich für die Hilfe der Ritter in der Schlacht erkenntlich und überließ ihnen die eroberte Stadt. Unter ihrer Herrschaft blühte der Ort auf. Die Ordensritter bauten die Festung aus, errichteten eine mächtige Schutzmauer und verschönerten die Kirchen.

Im 14. Jahrhundert war der Orden so mächtig geworden, dass der Papst in Rom und der französische König die Tempelritter vernichten wollten. Tapfer verteidigten die Männer in Jerez ihre kleine Stadt. Im Volksmund nennt man den Festungsturm, in dem die Ritter bis zum blutigen Ende kämpften, Torre Sangrienta. Noch heute gedenkt Jerez de los Caballeros voller Stolz der Blütezeit unter der Herrschaft des Ordens. Denn der Namenszusatz »de los Caballeros« bezieht sich auf die Pobres Caballeros de Cristo del Templo de Salomón, kurz die Ritter des Templerordens.

Stolze Träger, demütige Büßer

An die Zeit der maurischen Herrschaft hingegen erinnert der Glockenturm der Iglesia San Miguel. Auf dem Platz vor der Kirche sitzt die Statue eines Büßers. Die Karwoche und das Osterfest gehören hier zu den wichtigsten Feiertagen des Jahres. Die Beteiligung bei den Osterprozessionen ist groß. Für die Hermanos ist es eine Ehre, die schwergewichtigen Marienstatuen auf wackligen Podesten durch die engen Gassen zu tragen. Begleitet werden die Träger von den Nazarenos, den Büßern mit den hohen Spitzhauben. Das schwere Erdbeben, das 1755 den südwestlichen Teil der Iberischen Halbinsel erschütterte, zerstörte auch den Glockenturm der Iglesia San Bartolomé, des Schutzpatrons der Stadt. Beim Neubau des Campanarios ließ man sich es nicht nehmen, die Seitenfassade der Kirche gleich mitzuverzieren. Seither schmücken blaue Keramikkacheln, barocker Stuck und prunkvolle Bilder die äußere Kirchenwand. Der Heilige Bartholomäus wird stets mit einem Messer und dem in Ketten gelegten Teufel dargestellt. Doch einmal im Jahr lässt man in Jerez de los Caballeros das Biest frei. Auf dem kleinen Balkon des Glockenturms stehend darf der Teufel den Kindern dann Bonbons und andere Süßigkeiten zuwerfen.

INFO

GESPIEGELTE PRACHT

Das Museum Casa Vasco Núñez de Balboa erinnert an den »Eroberer« des Pazifischen Ozeans, der in Jerez de los Caballeros geboren und aufgewachsen ist. Der Konquistador war der erste Europäer, der vom südamerikanischen Kontinent aus den Pazifik sah und seine Füße hineintauchte. Nach dem Umbau hat das Museumsgebäude einerseits die alte Struktur behutsam bewahrt und gibt sich andererseits selbstbewusst modern und nachhaltig. Einen Architekturpreis hat es für die Fensterfront gewonnen, die die Geschichte der Stadt einbindet, indem sich der Turm der Santa Catalina Kirche in der Museumsscheibe spiegelt.

WEITERE INFORMATIONEN

Die Tourismusauskunft befindet sich im Palacio an der Plaza San Augustin in einem sehenswerten Gebäude. Informationen über die Osterprozessionen und das jährlich stattfindende Fest der Tempelritter, jerezcaballeros.es
Tipps und Guide: guiaoficialdeturismo.com
Museo Vasco Núñez de Balboa, experienciasturismo.com

↖ Nach dem Erdbeben neu errichtet: der Glockenturm der Iglesia San Bartolomé
↑ Spiegelung der Santa Catalina Kirche im Museum Vasco Núñez de Balboa

REGISTER

A Coruña 13, 24 ff.
  Igrexa de Santiago 26
  La Estrella de Galicia 27
Albarracín 93
Alicante 142 ff.
  Castillo de Santa Bárbara 142
  Kloster Santa Faz 144
  Tabarca 144
Almería 9, 156 f.
  Alcazaba 157
  Cable Inglés 157
Andersen, Hans Christian 13, 161
Arbayún 59
Arcos de la Frontera 168 f.
Basilika Santa María de la Asunción 169
Ávila 19, 72 f., 79
  Kathedrale Salvador de Ávila 73
Avilés 32 f.
  Centro Niemeyer 33
  La Monstrua 33
Ayamonte 176 f.
  Gezeitenmühlen 177
  Nuestro Señor del Salvador 177
Baiona 13, 16 f.
Banyoles 108 ff.
  Estany de Banyoles 108 ff.
  Molí de la Farga 110
  Villa Vilauba 111
Barbate 167
Bardenas Reales 61
Bilbao 13, 33, 50 f.
  Guggenheim-Museum 50 f., 83
  Puente colgante 51
  Zubizuri 51
Botero, Fernando 26, 38
Barruecos 183
Burgos 78 f.
  Kathedrale Santa Maria 79
  Yemas de Burgos 79
Cáceres 182 f.
  Arco de la Estrella 183
Cadaqués 107
Calatayud 86 f.
  Augusta Bílibis 87
Calatrava, Santiago 51, 53
Caldas de Reis 19
Cartagena 13, 148 f.
  Mar Menor 149
  Teatro Romano 149
Cervantes, Miguel de 70, 77, 102, 149
Chillida, Eduardo 35, 53, 55, 97
Comarca Los Monegros 91
Cortijo del Fraile 154
Costa da Morte 22, 25
Coto de Doñana 9, 175
Cuenca 96 f.
  Casas colgadas 97
  Ciudad Encantada 97
Cueva de Altamira 43
Cueva de Tito Bustillo 41
Dalí, Salvatore 38, 53, 106 f.
Eiffel, Gustave 85, 114, 157, 173
El Cid 78 f., 139
El Greco 38, 100, 102, 173
El Maestrazgo 139
El Rocio 174 f.
  Romería del Rocío 175
Fernando II. 13, 57, 73, 77, 79, 88, 144, 183
Figueres 106 f.
  Teatre-Museu Dalí 107
  Museu de l'Empordà 107
Flamenco 171 f., 177, 184 f.
Garcia Lorca, Federico 154
Gaudí, Antonio 9, 13, 65, 127, 133 ff.
Gehry, Frank O. 51, 53, 83
Gijón 34 f., 41
  Laboral Ciudad de la Cultura 35
Girona 112 ff.
  Catedral de Santa Maria 113
  Museum der jüdischen Geschichte 113
Goya, Francisco 38, 90 f., 100, 163, 173
Guadalajara 98 f.
  Fuente de los Doce Caños 99
Hannibal 140 f., 149
Haro 82 f.
  Iglesia Santo Tomás 83
Hemingway, Ernest 13, 57 f., 99, 162 f.
Illas Cíes 17
Isabela I. 13, 73, 74 f., 77, 79, 87 f., 182
Jaén 158 f.
  Catedral de la Asunción 159
  Via Verde de Aceiten 159
Jakobsweg 17, 19, 20 f., 36, 57, 65, 79, 85
Jerez de la Frontera 170 ff.
  Alcázar de Jerez 171
  Iglesia de San Miguel 171 f.
Jerez de los Caballeros 185, 186 f.
  Iglesia San Bartolomé 187
  Museum Casa Vasco Núñez de Balboa 187
Júzcar 163
Klöster Suso und Yuso 85
Kolumbus, Christoph 17, 19, 68, 76 f., 79, 88
Lago de Sanabria 67
León 64 f.
  Convento de San Marcos 65
  Las Médulas 65
Logroño 84 f.
  Puente de Piedra 85
Loiba 29
Málaga 13, 25, 150, 160 f., 169
  Castillo de Gibralfaro 161
  La Malagueta 160 f.
Mataró 126 f.
  Casa Coll i Regàs 127
Mérida 178 ff.
  Alcazaba 180
  Aquädukt 180
  Circus Maximus 178
Michelangelo 85
Miró, Joan 38, 53, 131
Mojácar 152 ff.
  Cabo de Gata 152
  Wüste von Tabernas 154
Mudéjar 75, 85, 87, 93, 97, 102, 159, 161, 177, 185
Murcia 146 f.
  Olivera Gorda 147
Niemeyer, Oscar 33
Olite 60 f.
  Königspalast 61
Olot 115, 116 f.
  La Fageda d'en Jordà 117
  Vulkanmuseum Espai Crater 117
Oviedo 35, 36 ff.
  Cámara Santa 36
  Kathedrale San Salvador 36 ff.
Palafrugell 118 ff.
  Calella 118
  Cap Roig 120
  Leuchtturm Far de San Sebastià 118 ff.
Pamplona 13, 56 ff.
  Café Iruña 58
  Casa Consistorial 57
  Sanfermines 57 f.
Peñiscola 138 f.
Picasso, Pablo 25 f., 38, 53, 160 f.
Picos de Europa 39
Playa de Gulpiyuri 41
Pontevedra 18 f.
Puig i Cadafalch, Josep 127
Reus 129, 132 ff.
  Casa Nàvas 133
  Gaudí Center 133
Rías Baixas 17
Ribadesella 13, 40 f.
  Paseo de la Grúa 40
Rioja (Wein) 83, 85
Ronda 13, 79, 118, 162 f.
  Puente Nuevo 163
Sagunt 140 f.
  Heiliger Gral 141
Salamanca 67, 68 ff., 77
  Barrio del Oeste 71
  Cuesta de Carvajal 70
Salzillo, Francisco 147
San Sebastián 54 f.
  Monte Igueldo 55
  Santa Clara 55
Santander 44 ff.
  Centro Botin 46
  Dünen von Liencres 46
  Kathedrale Nuestra Señora de la Asunción 46
  La Magdalena 45
Santiago de Compostela 13, 17, 20 ff., 36, 57, 70
  Botafumeiro 20
  Heilige Pforte 20
Santillana del Mar 42 f.
  Stiftskirche Colegiata de Santa Juliana 43
Segovia 62, 74 f.
  Aquädukt 75
  Palacio Real 75
Tarragona 114, 130 f.
  Amfiteatre Romà 131
  Mont-roig del Camp 131
  Pont del Diable 131
Teresa von Ávila 70, 72 f.
Teruel 92 f.
  Kathedrale Santa María de Mediavilla 93
  Liebende 93
Toledo 13, 73, 100 ff.
  Marzipan 103
  Moschee Cristo de la Luz 102
Valladolid 76 f.
Valls 128 f.
  Capella del Roser 129
  Casteller 129
Vejer de la Frontera 166 f.
  Baelo Claudia 167
  La Cobijada 167
Vic 124 f.
  Museu Episcopal 125
  Rupit i Pruit 125
Vitoria-Gasteiz 52 f.
  El Portalon 53
Viveiro 28 f.
  Paséo Marítimo 29
Wermut 47, 129, 131, 133 ff.
Ysios 53
Zafra 184 f.
  Arco de Jerez 185
  Convento de Santa Clara 185
Zamora 66 f.
  Catedral de San Salvador 67
  Queso Zamorano 67
Zaragoza 88 ff.
  Basilika el Pilar 88
  La Seo 90
  Palacio de la Aljafería 88

BILDNACHWEIS

Nicole Biarnés-Kiefer: 8 l., 9 l., 59 o., 59 u., 61, 91 o., 91 u., 92, 93, 106, 109, 110 o., 110 u., 111 o. 111 u., 114 o., 114 u., 115 o., 116, 117, 119, 120 o., 120 u., 121 u., 126, 127, 134 o., 134 u., 135 o., 153, 154 u., 155 u., 166, 181 u., 183, 185, 190/191

Huber Images: 32 (Pete Goding); 155 o. John Lawrence;

Lookphotos: 4 l., 12, 22 u., 23 o., 24, 26 u., 40, 48/49, 58 o., 64, 65, 80/81, 82, 89, 97, 102 o., 144 o., 154 o., 158, 170, 179, 180 o., 180 u., 181 o., 186 (Richter, Jürgen); 4 , 5 Mi., 16, 18, 37, 38 o., 38 u., 44, 46 o., 46 u., 47 o., 53, 56, 58 u., 60, 62/63, 66, 69, 71, 74, 75, 77, 78, 83, 90 o., 90 u., 102 u., 104/105, 121 o., 122/123 (Daniel Schoenen Fotografie); 129, 141, 143, 146, 147, 156, 159, 167, 168, 175, 182 (age fotostock); 13 o., 144 u. (Pompe, Ingolf); 14/15, 39 u., 50 (Strauß, Andreas); 21, 76 (Photononstop); 22 o., 107 (Hemis), 26 o., 145 o. (Leue, Holger); 39 (Frei, Franz Marc); 42 (Frank van Groen); 47 u., 112, 115 u., 160, (travelstock44); 54, 55 (Jalag / Schiffer, Maria); 85 (Merz, Brigitte); 96 (Design Pics); 101 (Avalon.red2); 103 o., 172 (Maeritz, Kay); 130 (Jalag/Langlotz, Tim); 150/151, 164/165, 173 u. robertharding; 162, 174 (Bias, Helge); 173 o. (Widmann, Thomas Peter)

Mauritius Images: 33 (M Ramirez);

Shutterstock: 2/3 (lunamarina); 4 Mi., 98 (Javier Ruiz); 5 r., 163 (Juan Pedro Pena); 8 r., (DiViArt); 9 o., (Nata Alhontess); 9 u., 86 (JOTA-QUI); 13 u. (StockPhotoAstur); 17 (cpesilva); 19 (Formatoriginal); 23 (Dolores Giraldez Alonso); 27 o. (Angel L); 27 u. (BearFotos); 28 (Umomos); 29 (jessicahyde); 30/31 (elfarero); 34 (Francisco Javier Gil); 35 (Fotokon); 41 (Amazing Travels); 43 (joan_bautista); 51 (Jarno Gonzalez Zarraonandia); 52, (Noradoa); 67 (rul vale sousa); 70 o. (Fernando Benitez); 70 u., (Rini Kools); 72 (nacroba); 73 (kuvona); 72 (BGStock72); 84 (Matyas Rehak); 87 (Antonio Ciero Reina); 94/95 (Luzimag Andres Membrive), 99 (siete_ vidas); 103 u. (Tripodland); 124 (Balakate); 125 (CRISTIAN IONUT ZAHARIA); 128 (Lady Kirschen); 131 (gg-foto); 132 (Martin Leber); 135 u. (better world 10); 136/137 (BearFotos); 138 (Sergio Formoso); 139 (KarSol); 140 (skodnik72); 145 u., (Dolores Giraldez Alonso); 148 (Hakat); 149 (Gerardo onandia); 157 (ffmr); 161 (Roberto Sorin); 169 (Kevin Hellon); 176 (Wirestock Creators); 177 (nito); 184 (RudiErnst); 187 (WH Pics)

Andere: 71 u. ZOES Asociación Barrio Oeste

IMPRESSUM

Verantwortlich: Carola Holzer
Lektorat: Britta Mentzel
Layout: Tanja Clauss, Octaviz Studios
Korrektorat: Christine Miller
Repro: LUDWIG:media
Herstellung: Bettina Schippel
Printed in China by C&C Offset Printing CO., LTD.

★★★★★

Sind Sie mit diesem Titel zufrieden? Dann würden wir uns über Ihre Weiterempfehlung freuen.
Erzählen Sie es im Freundeskreis, berichten Sie Ihrem Buchhändler, oder bewerten Sie bei Onlinekauf. Und wenn Sie Kritik, Korrekturen, Aktualisierungen haben, freuen wir uns über Ihre Nachricht an Bruckmann Verlag, Postfach 40 02 09, D-80702 München oder per E-Mail an lektorat@verlagshaus.de.

Unser komplettes Programm finden Sie unter

www.bruckmann.de

Textnachweis:
Nicole Biarnés: 12-16, 26-28, 32-43, 47/48, 52/53, 55-60
Grit Schwarzenburg: 1-11, 17-25, 29-31, 44-46, 49-51, 54

Umschlagnachweis: Vorderseite: Blick in eine ruhige mit Grün überdachte Gasse in Jerez de la Frontera (mauritius images – John Warburton-Lee / Alan Copson)
Rückseite v.l.o.n.r.u.: Zu Volksfesten erscheinen die Menschen von Kastilien-La Mancha gerne in Tracht; die Mauern der beeindruckenden Alcazaba von Almería; die kalte Salmorejo schmeckt an heißen Sommertagen besonders lecker; malerisch liegt das alte römische Amphitheater direkt vor der Küste.
S. 2/3: Sonnenuntergang über dem Hafen von Cartagena

Die Deutsche Nationalbibliothek verzeichnet diese Publikation in der Deutschen Nationalbibliografie; detaillierte bibliografische Daten sind im Internet über http://dnb.d-nb.de abrufbar.

ISBN: 978-3-7343-2422-2

Zu Füßen der Templerstadt Jerez de los Caballeros liegt der Parque de Santa Lucía, an dessen Ende sich ein kleines Café befindet.